FROM (DATE)

TO (DATE)

O W N E R

ADDRESS

PHONE

EMAIL ADDRESS

20 _____

20 _____

20 _____

20 _____

20 _____

20 _____

20 _____

20 _____

20 _____

20 _____

20 _____

20 _____

20 _____

20 _____

20 _____

20 _____

20 _____

20 _____

20 _____

20 _____

20 _____

20 _____

20 _____

20 _____

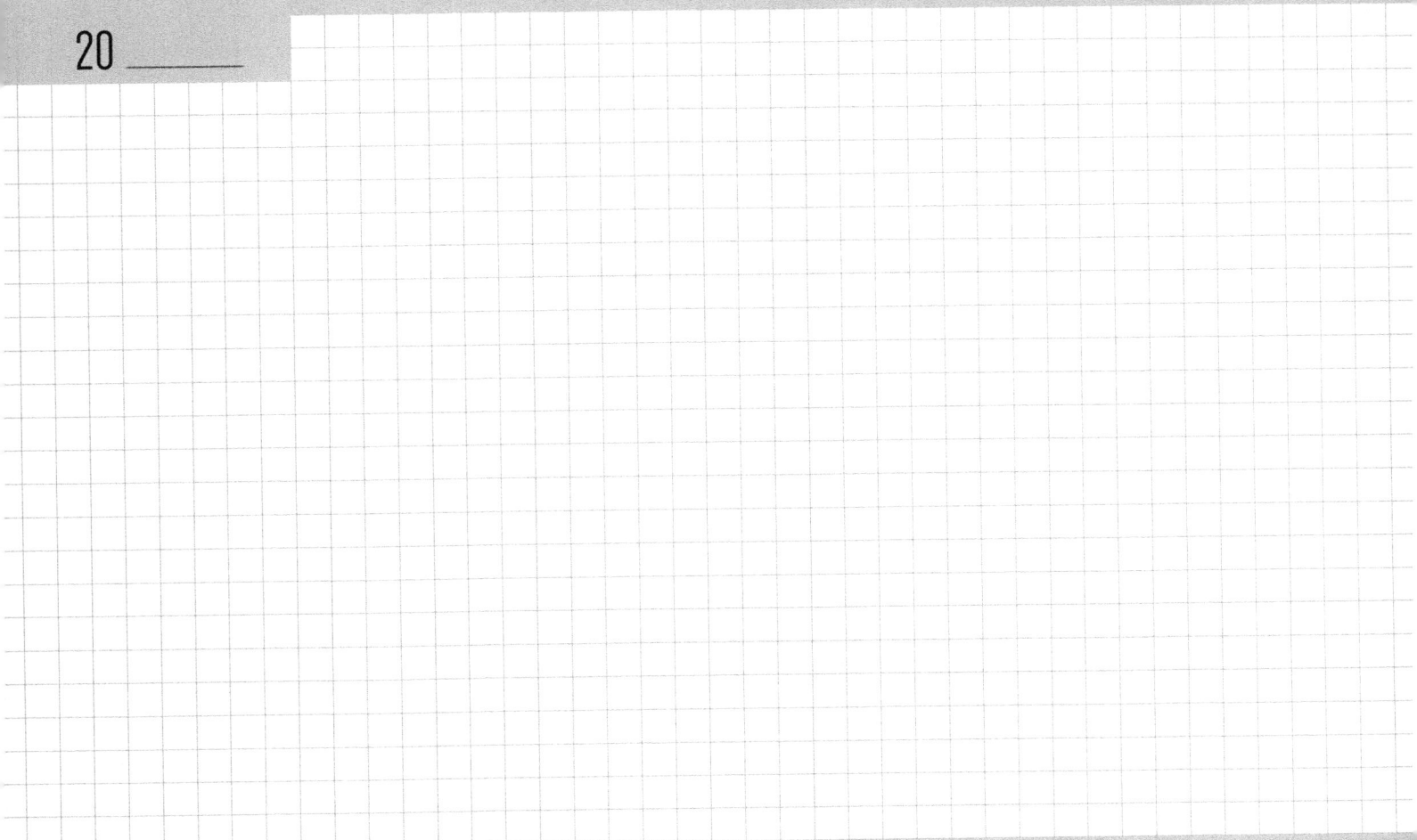

20 _____

20 _____

20 _____

20 _____

20 _____

20 _____

20 _____

20 _____

20 _____

20 _____

20 _____

20 _____

20 _____

20 _____

20 _____

20 _____

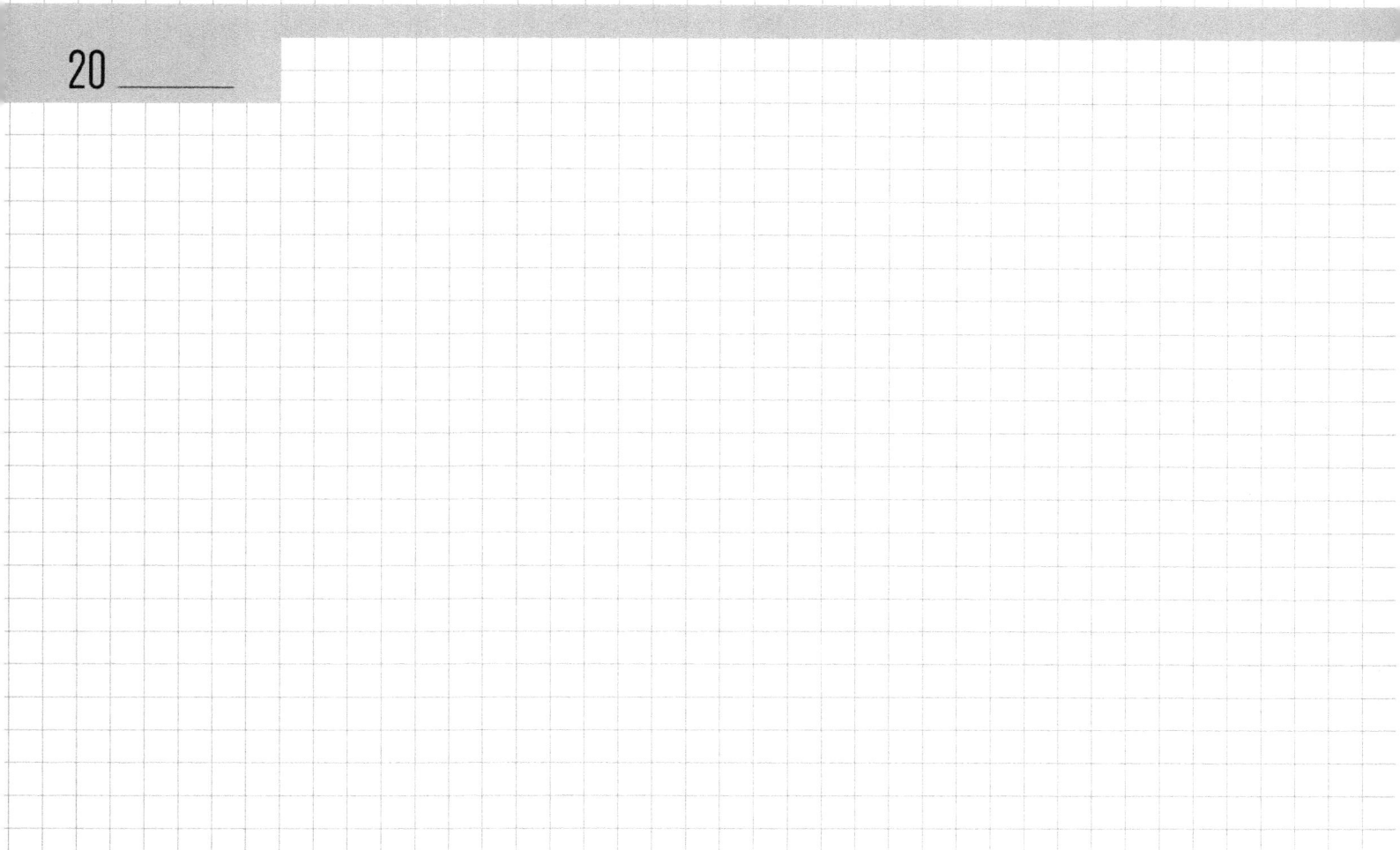

20 _____

20 _____

20 _____

20 _____

20 _____

20 _____

20 _____

20 _____

20 _____

20 _____

20 _____

20 _____

20 _____

20 _____

20 _____

20 _____

20 _____

20 _____

20 _____

20 _____

20 _____

20 _____

20 _____

20 _____

20 _____

20 _____

20 _____

20 _____

20 _____

20 _____

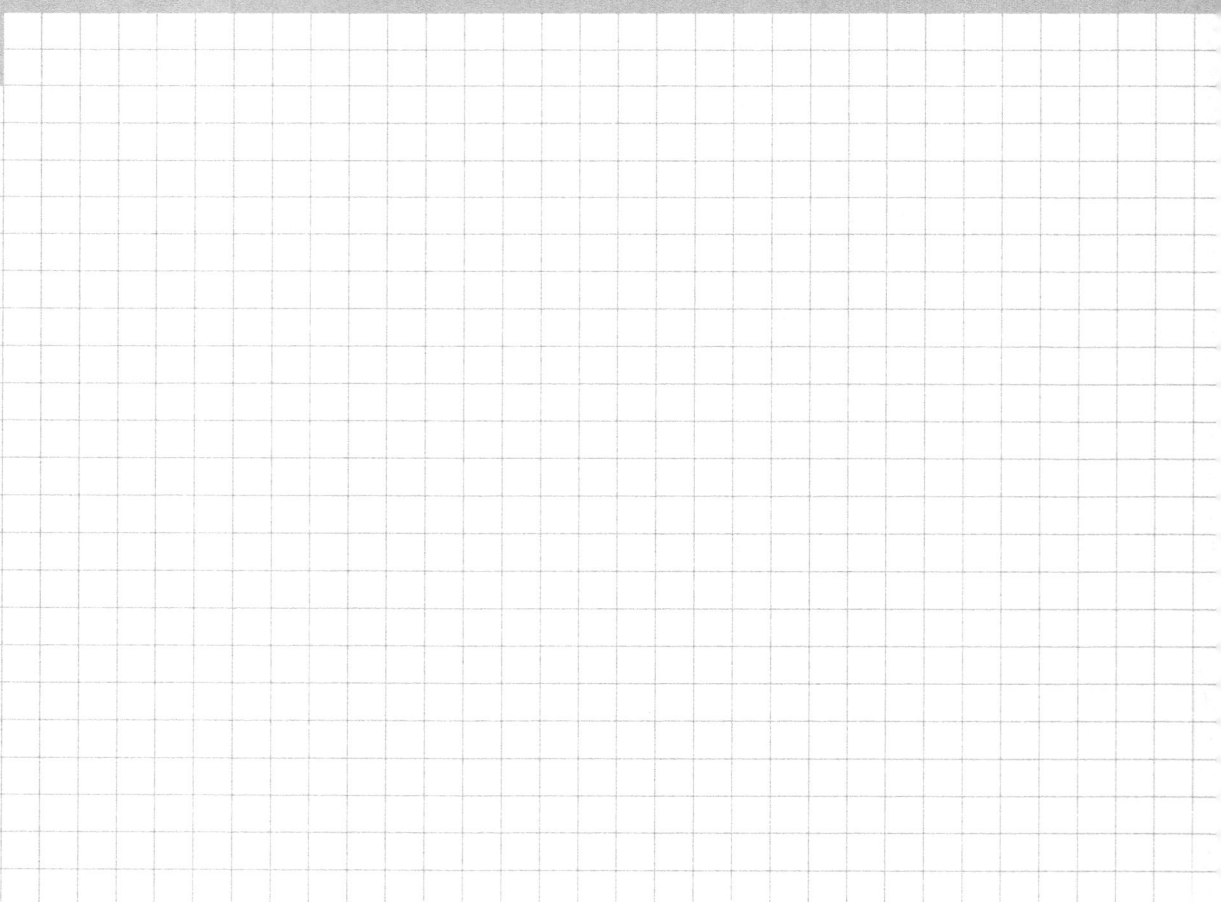

20 _____

20 _____

20 _____

20 _____

20 _____

20 _____

20 _____

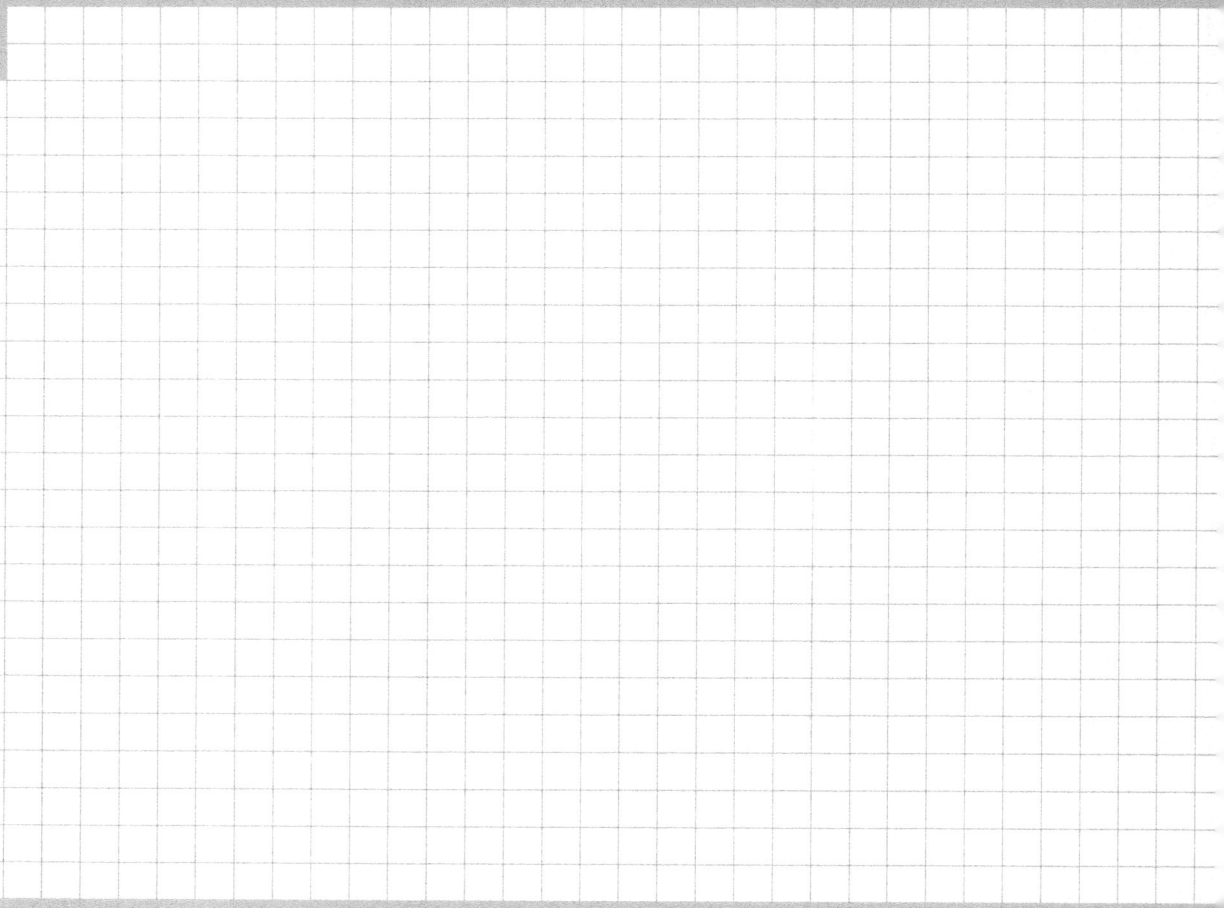

20 _____

20 _____

20 _____

20 _____

20 _____

20 _____

20 _____

20 _____

20 _____

20 _____

20 _____

20 _____

20 _____

20 _____

20 _____

20 _____

20 _____

20 _____

20 _____

20 _____

20 _____

20 _____

20 _____

20 _____

20 _____

20 _____

20 _____

20 _____

20 _____

20 _____

20 _____

20 _____

20 _____

20 _____

20 _____

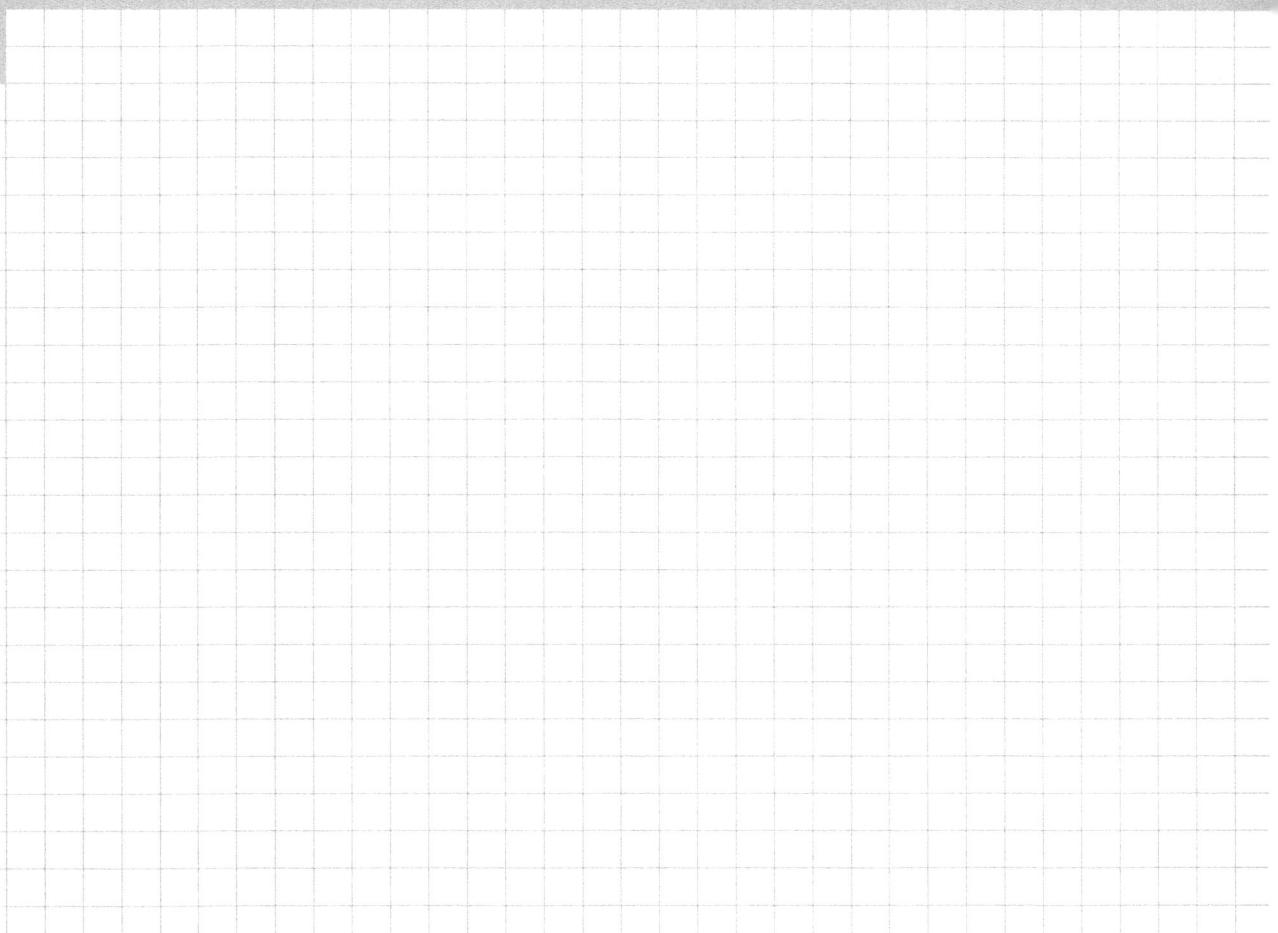

20 _____

20 _____

20 _____

20 _____

20 _____

20 _____

20 _____

20 _____

20 _____

20 _____

20 _____

20 _____

20 _____

20 _____

20 _____

20 _____

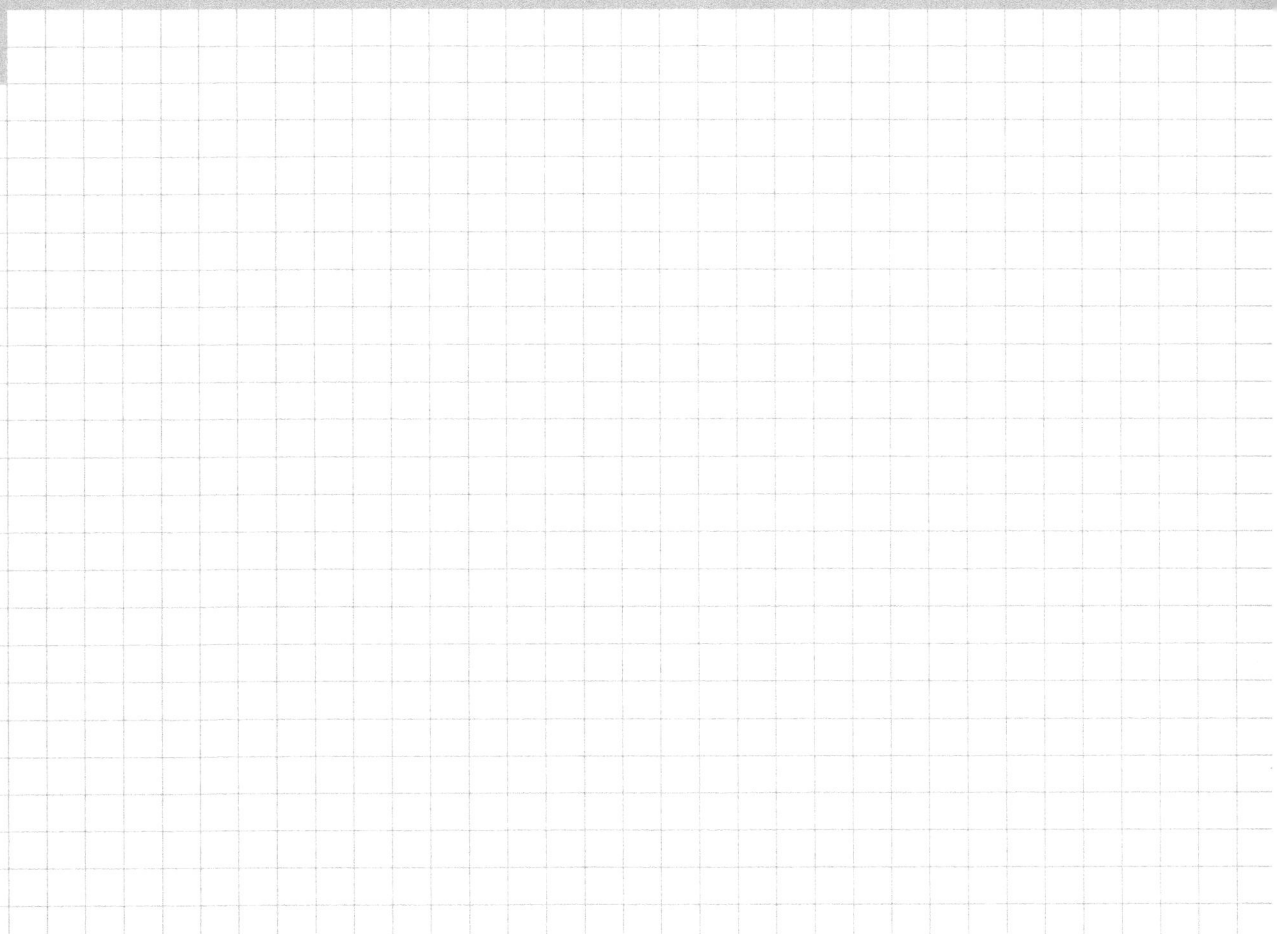

20 _____

20 _____

20 _____

20 _____

20 _____

20 _____

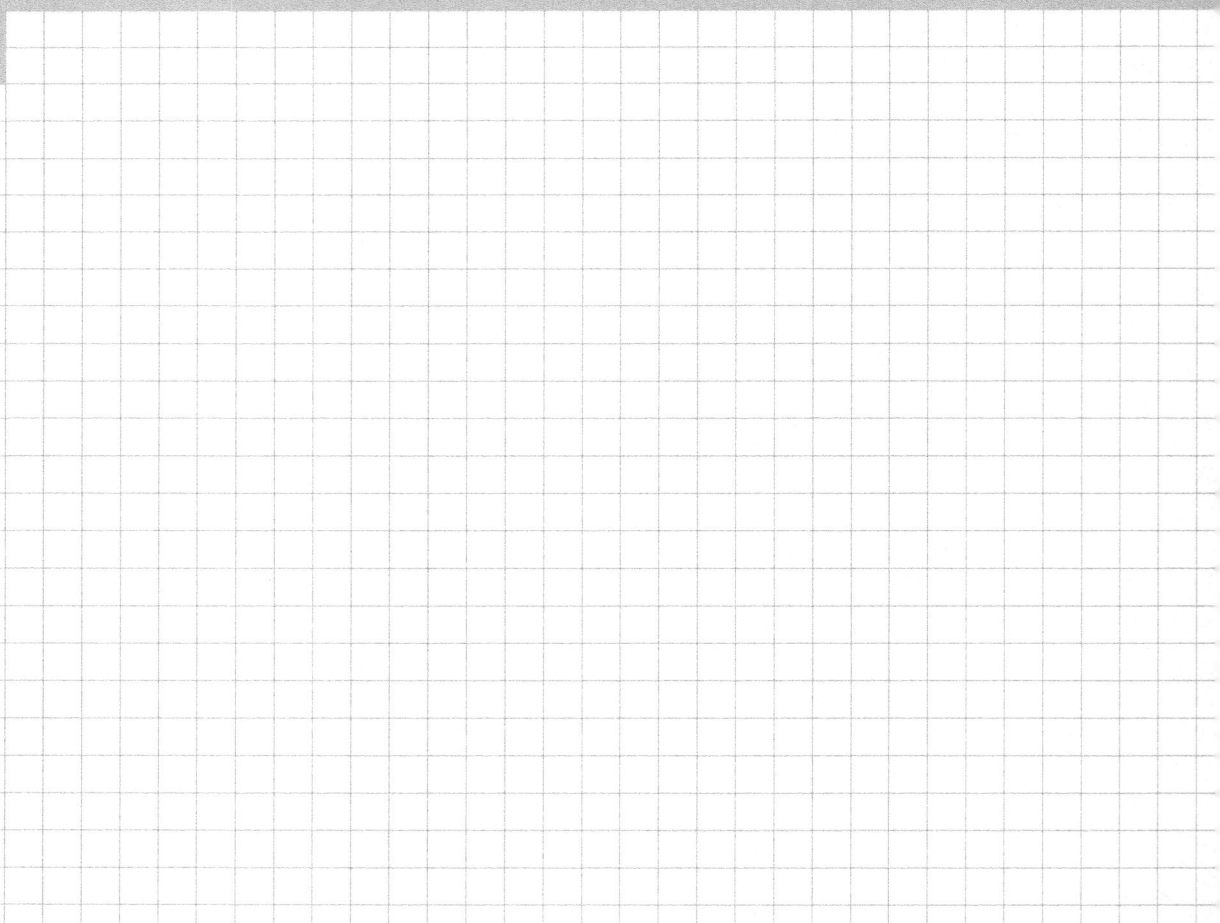

20 _____

20 _____

20 _____

20 _____

20 _____

20 _____

20 _____

20 _____

20 _____

20 _____

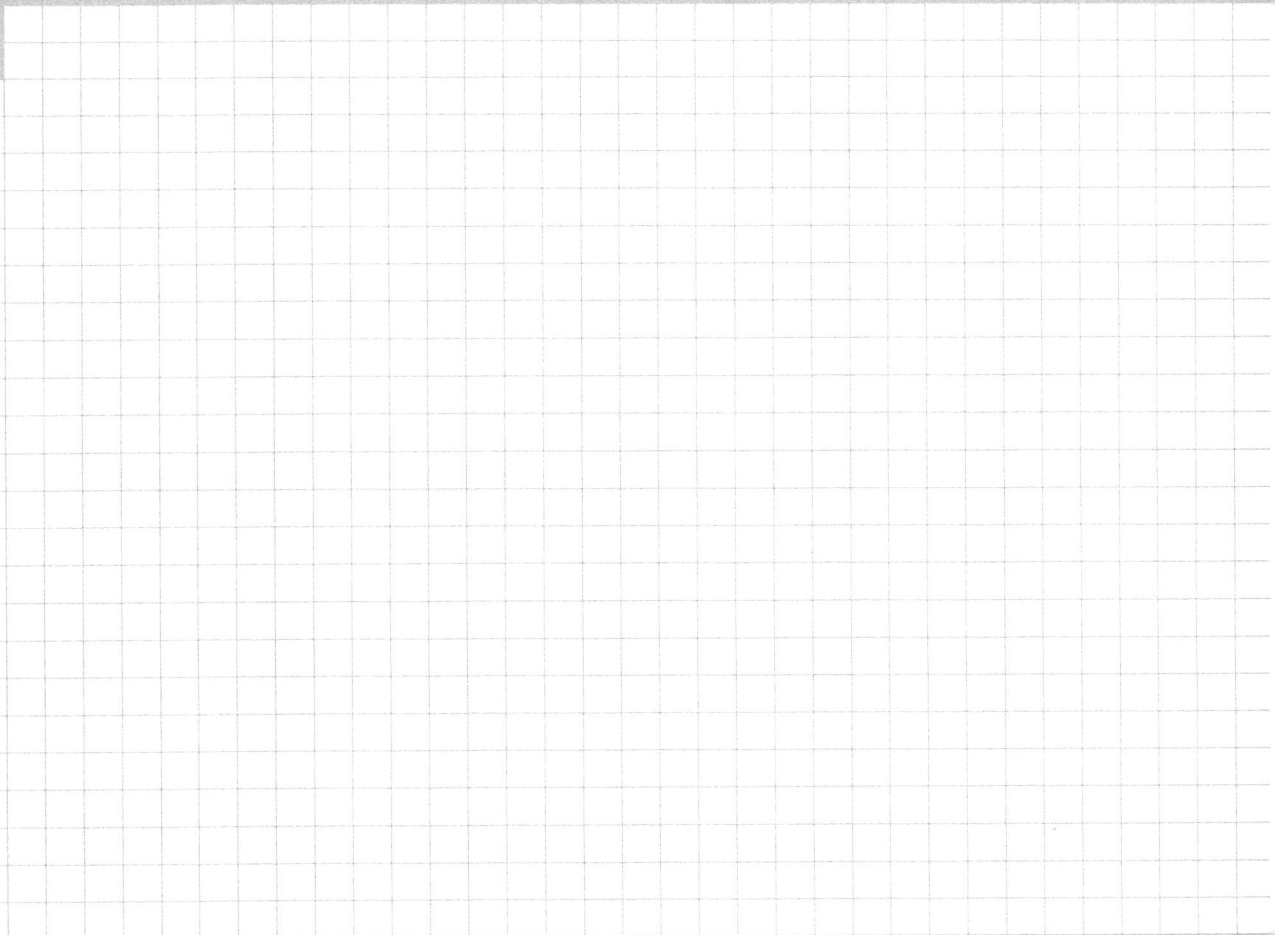

20 _____

20 _____

20 _____

20 _____

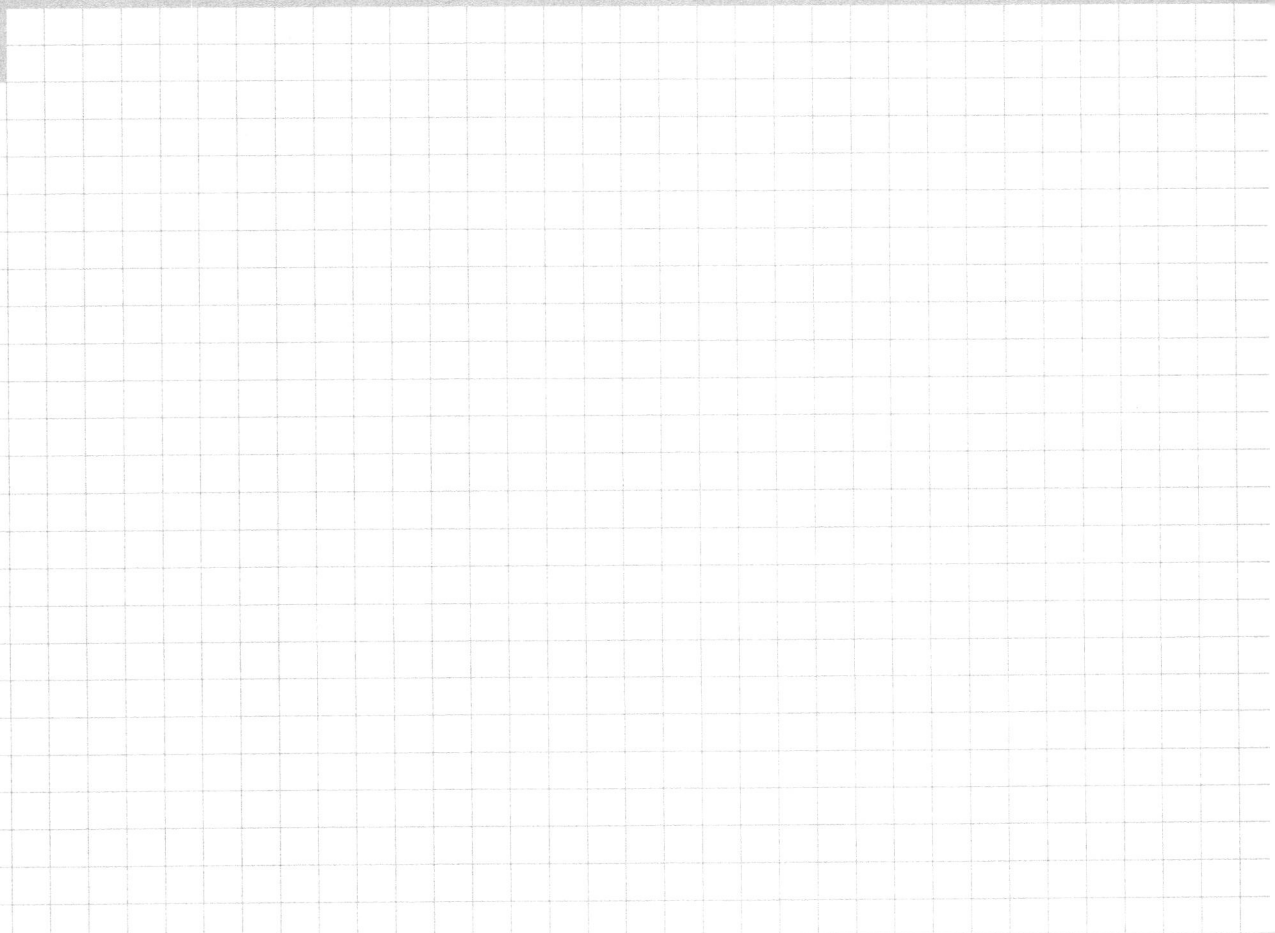

ate DATE date DATE date DATE date DATE date DATE date DATE date DATE date DATE date D

20 _____

20 _____

20 _____

20 _____

20 _____

20 _____

20 _____

20 _____

20 _____

20 _____

20 _____

20 _____

20 _____

20 _____

20 _____

20 _____

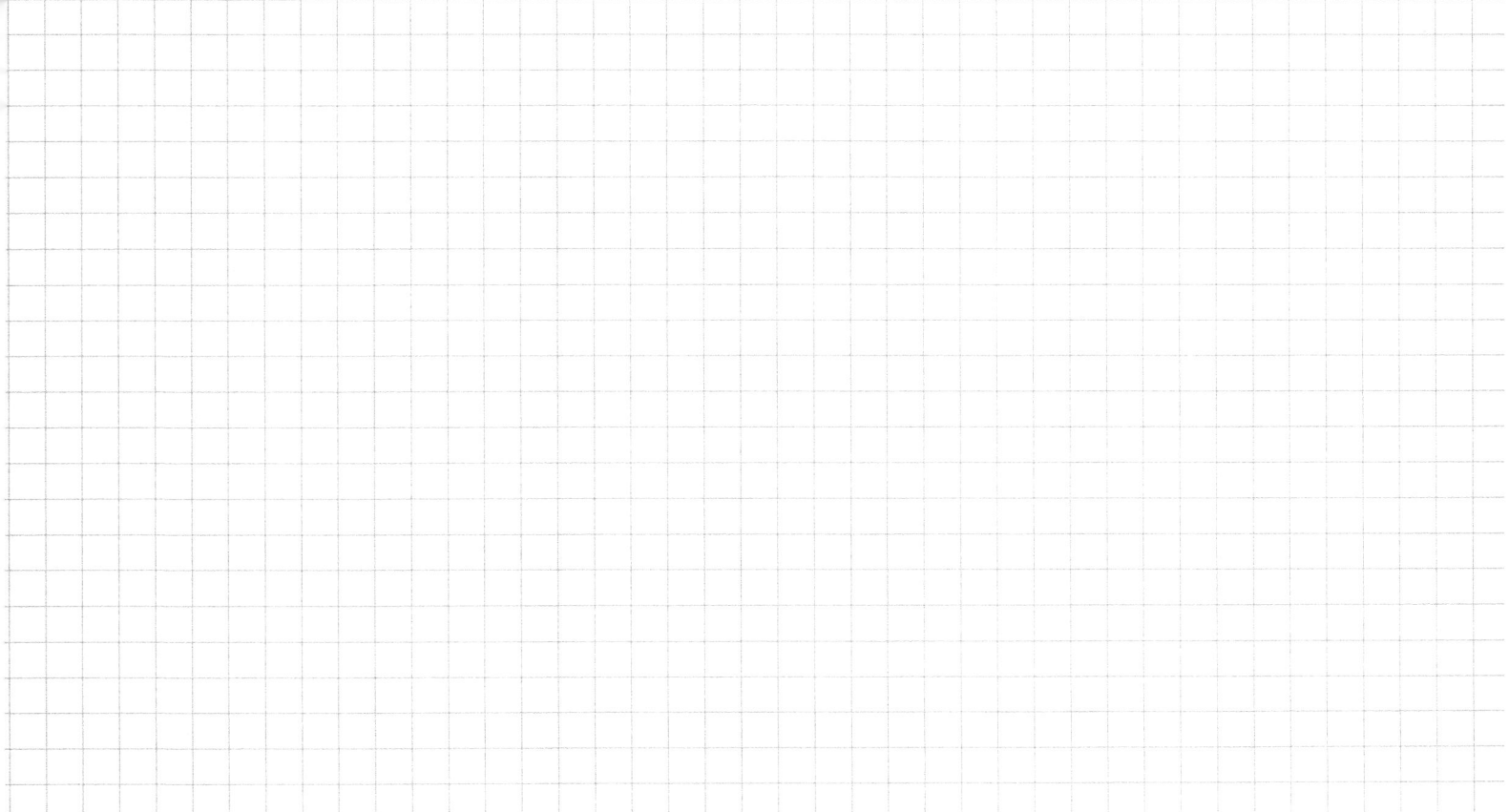

20 _____

20 _____

20 _____

20 _____

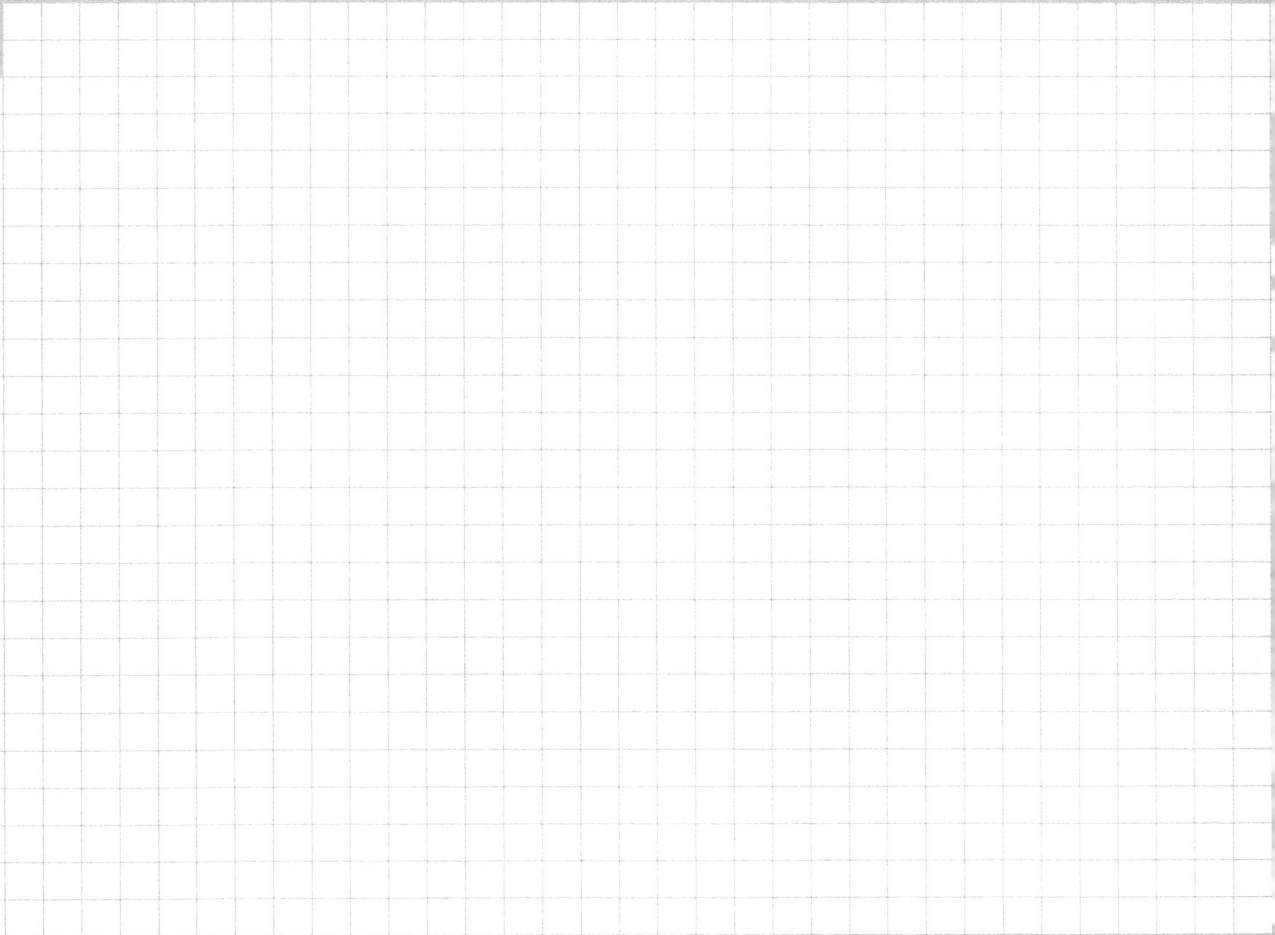

20 _____

20 _____

20 _____

20 _____

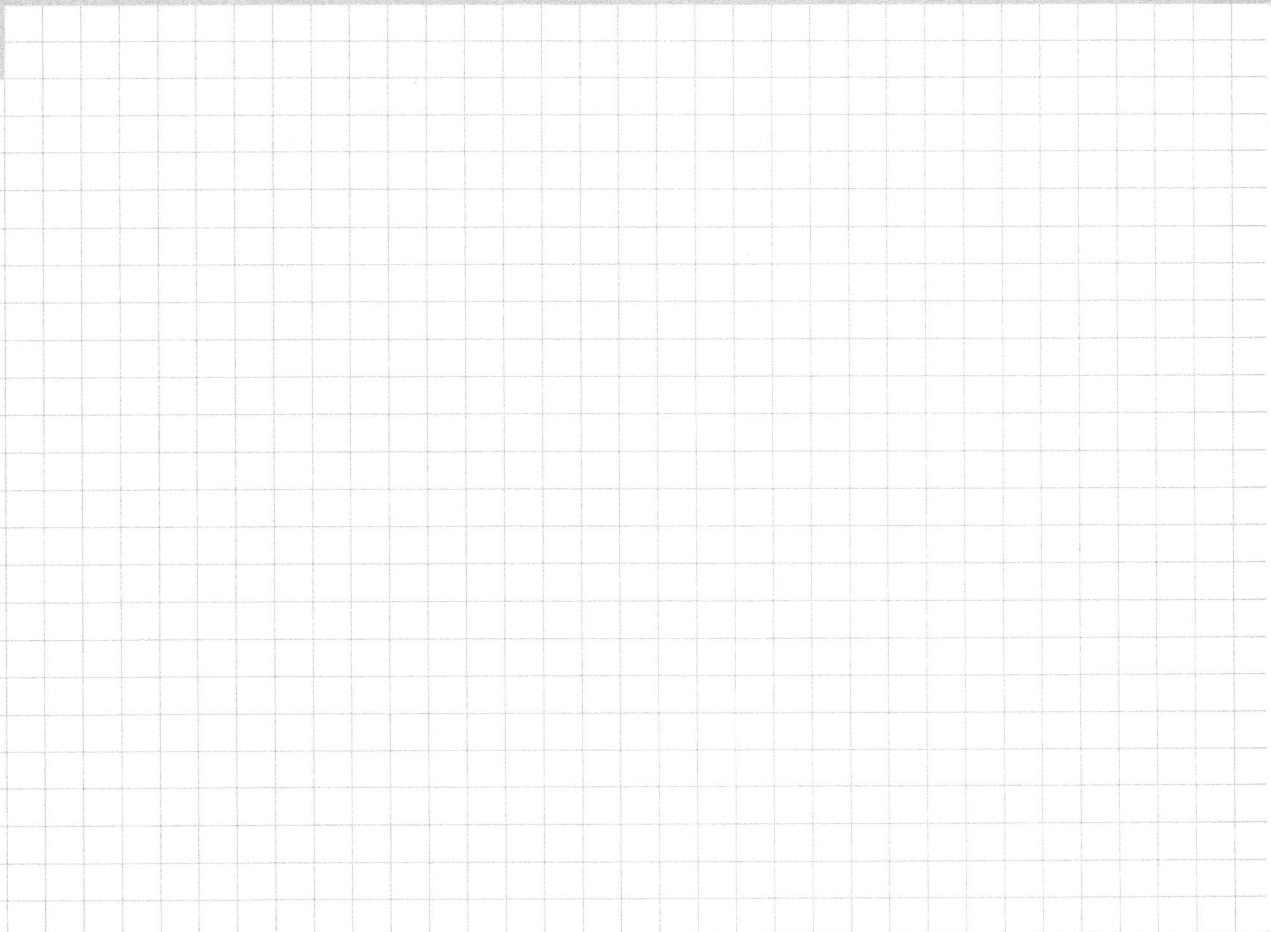

20 _____

20 _____

20 _____

20 _____

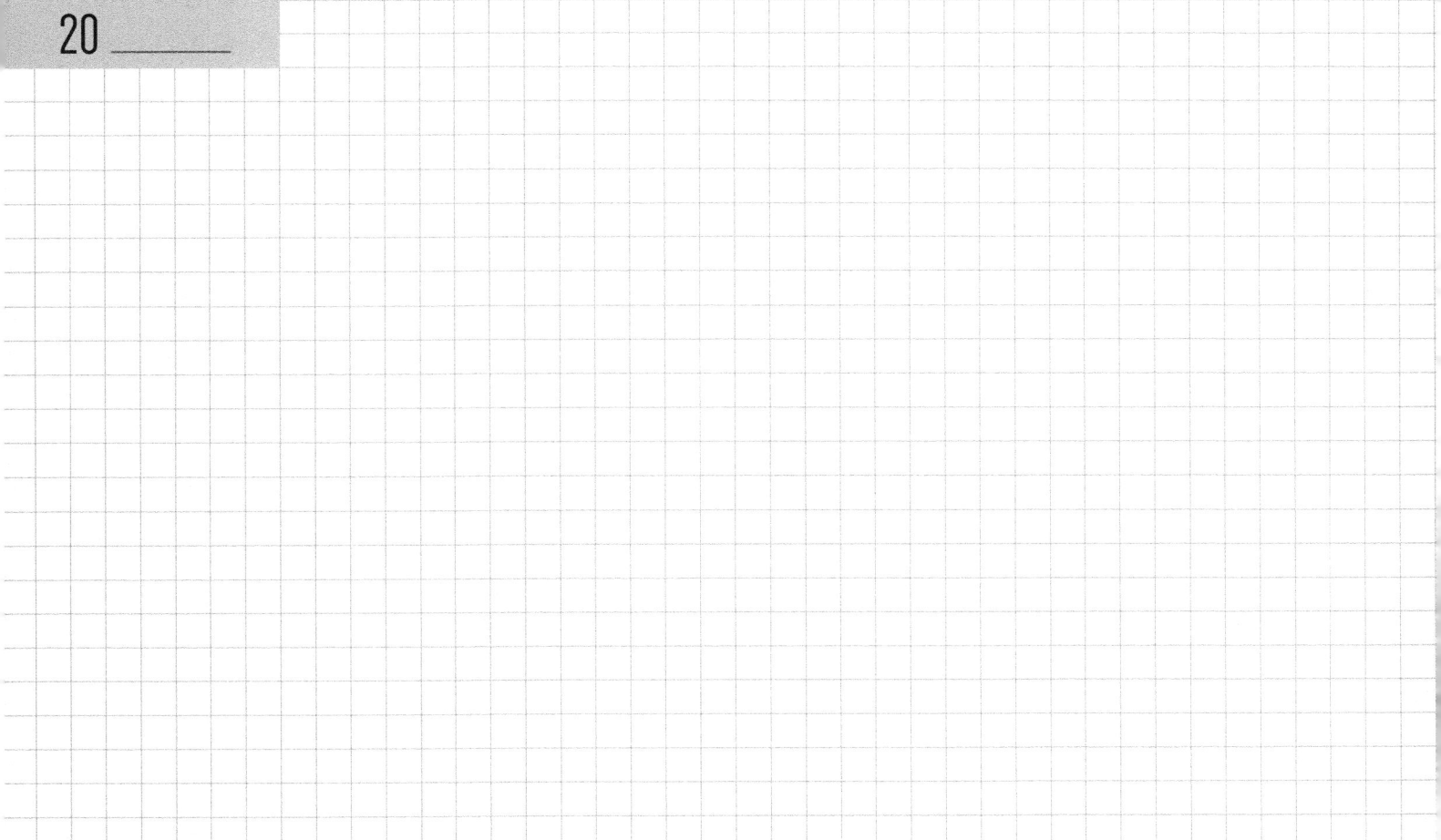

20 _____

20 _____

20 _____

20 _____

20 _____

20 _____

20 _____

20 _____

20 _____

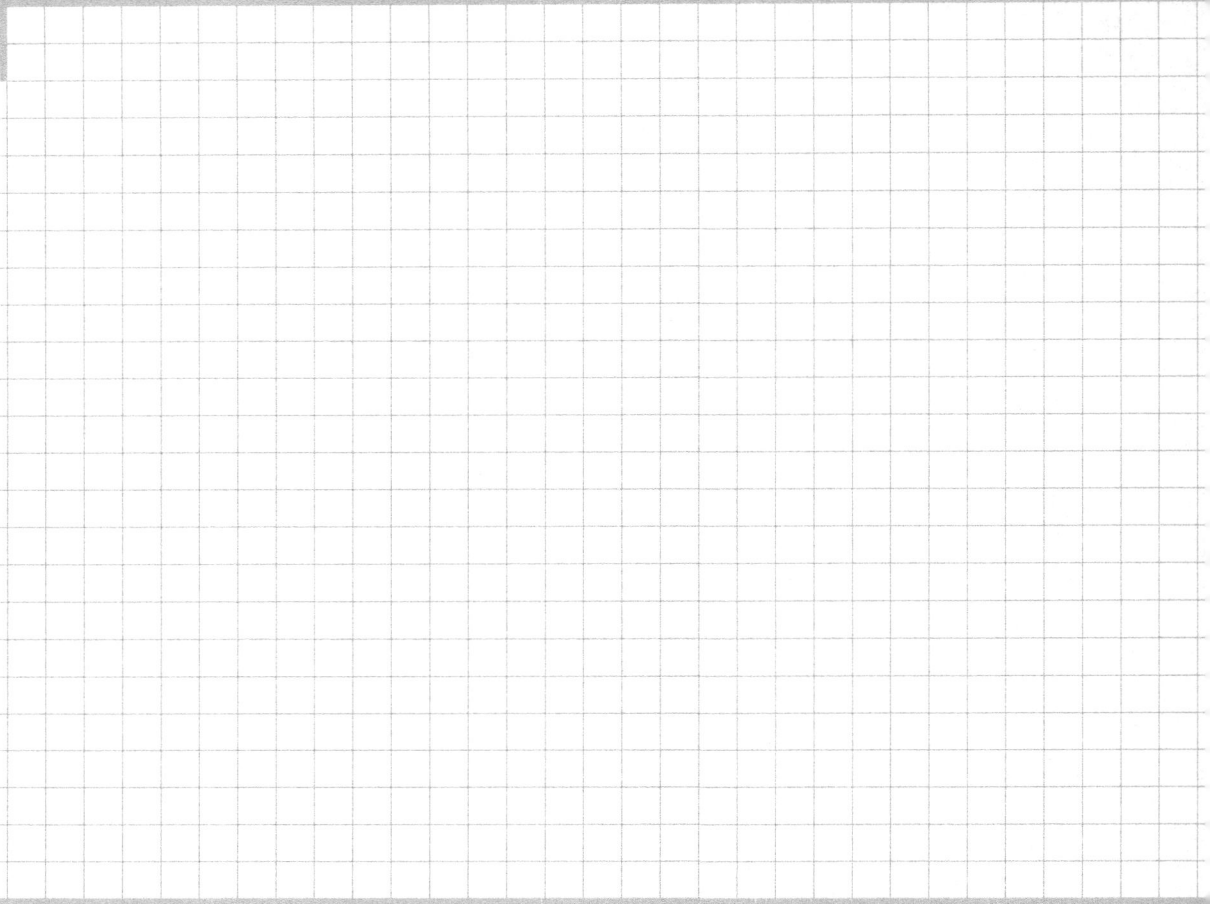

20 _____

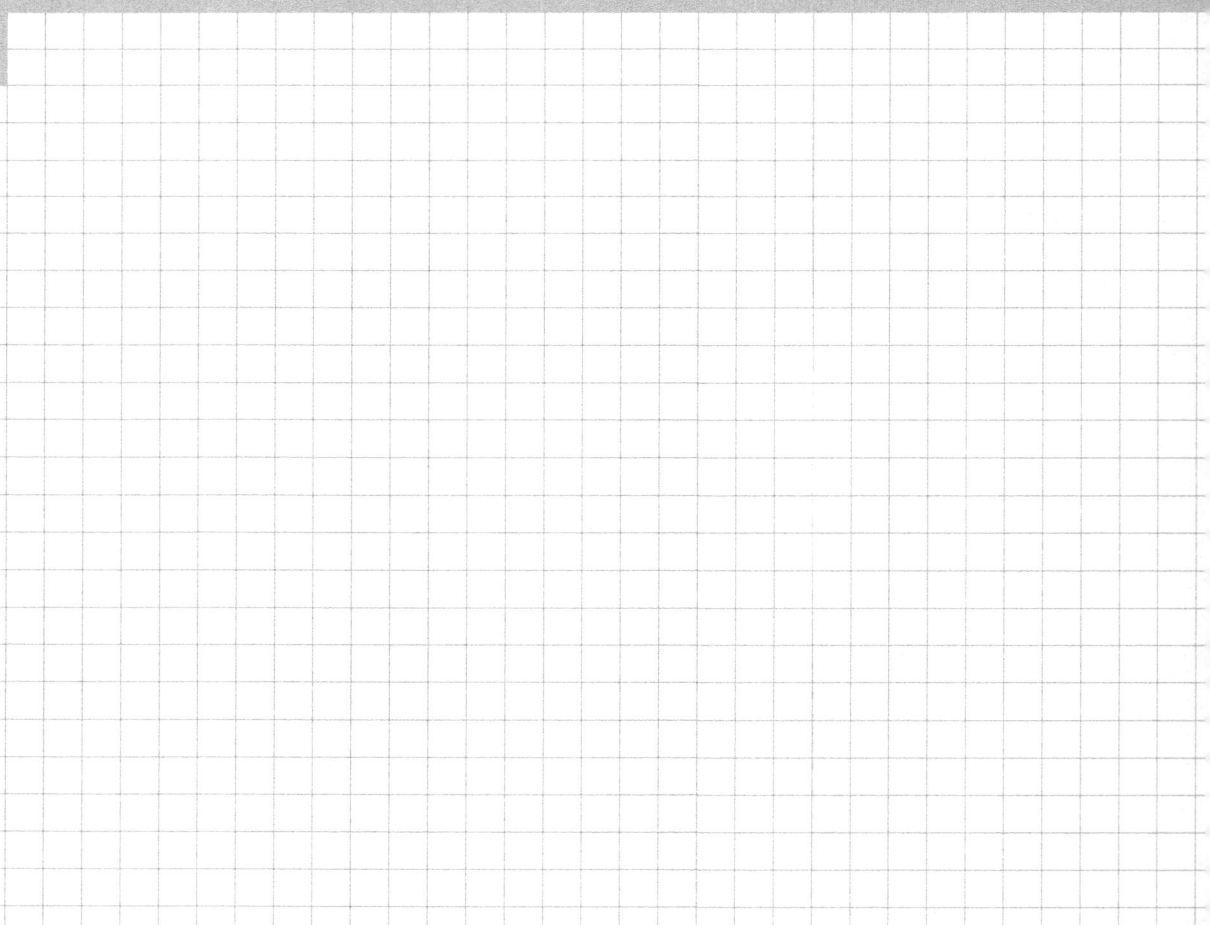

20 _____

20 _____

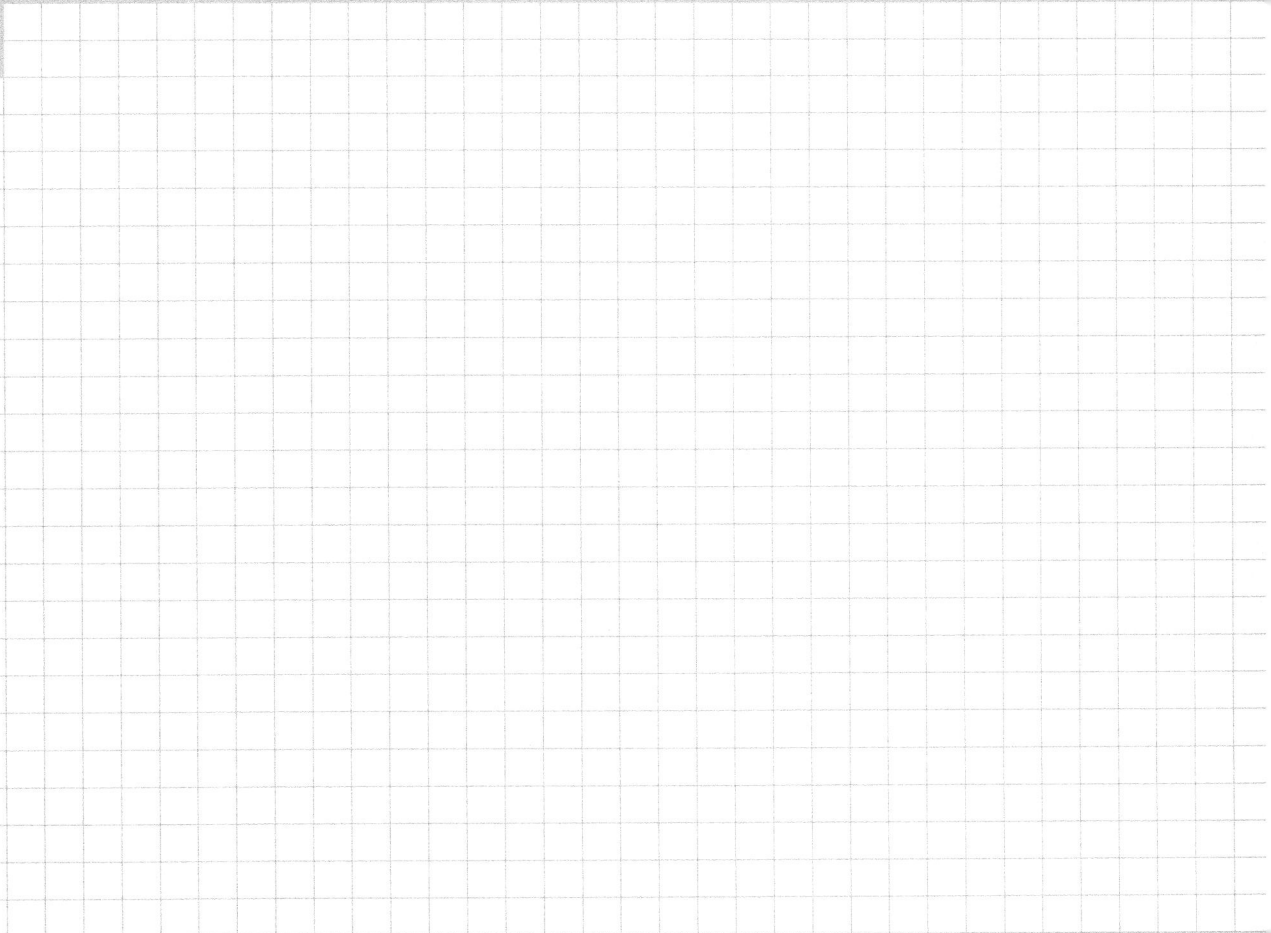

20 _____

20 _____

20 _____

20 _____

20 _____

20 _____

20 _____

20 _____

20 _____

20 _____

20 _____

20 _____

20 _____

20 _____

20 _____

20 _____

20 _____

20 _____

20 _____

20 _____

20 _____

20 _____

20 _____

20 _____

20 _____

20 _____

20 _____

20 _____

20 _____

20 _____

20 _____

20 _____

20 _____

20 _____

20 _____

20 _____

20 _____

20 _____

20 _____

20 _____

20 _____

20 _____

20 _____

20 _____

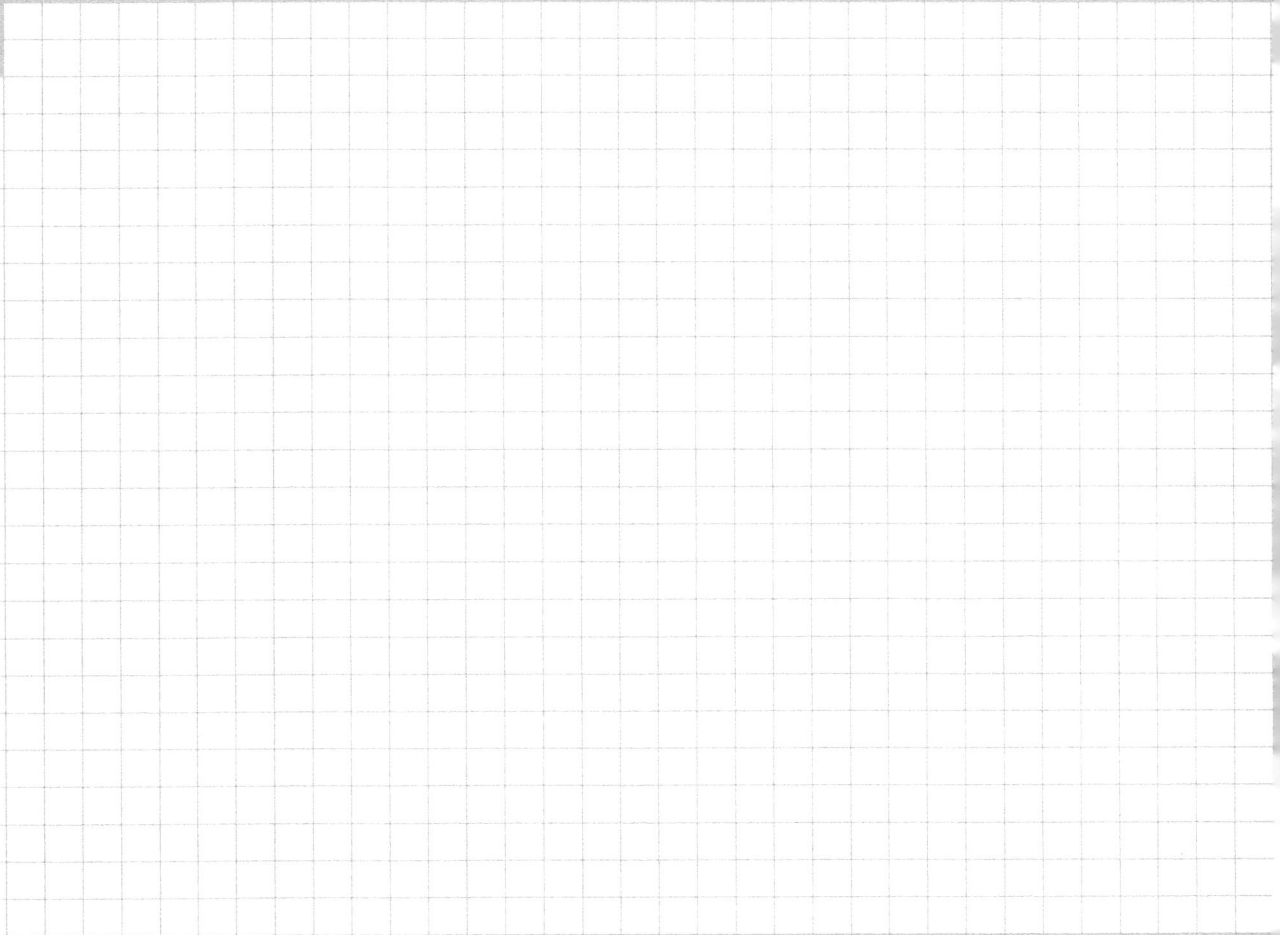

20 _____

20 _____

20 _____

20 _____

20 _____

20 _____

20 _____

20 _____

20 _____

20 _____

20 _____

20 _____

20 _____

20 _____

20 _____

20 _____

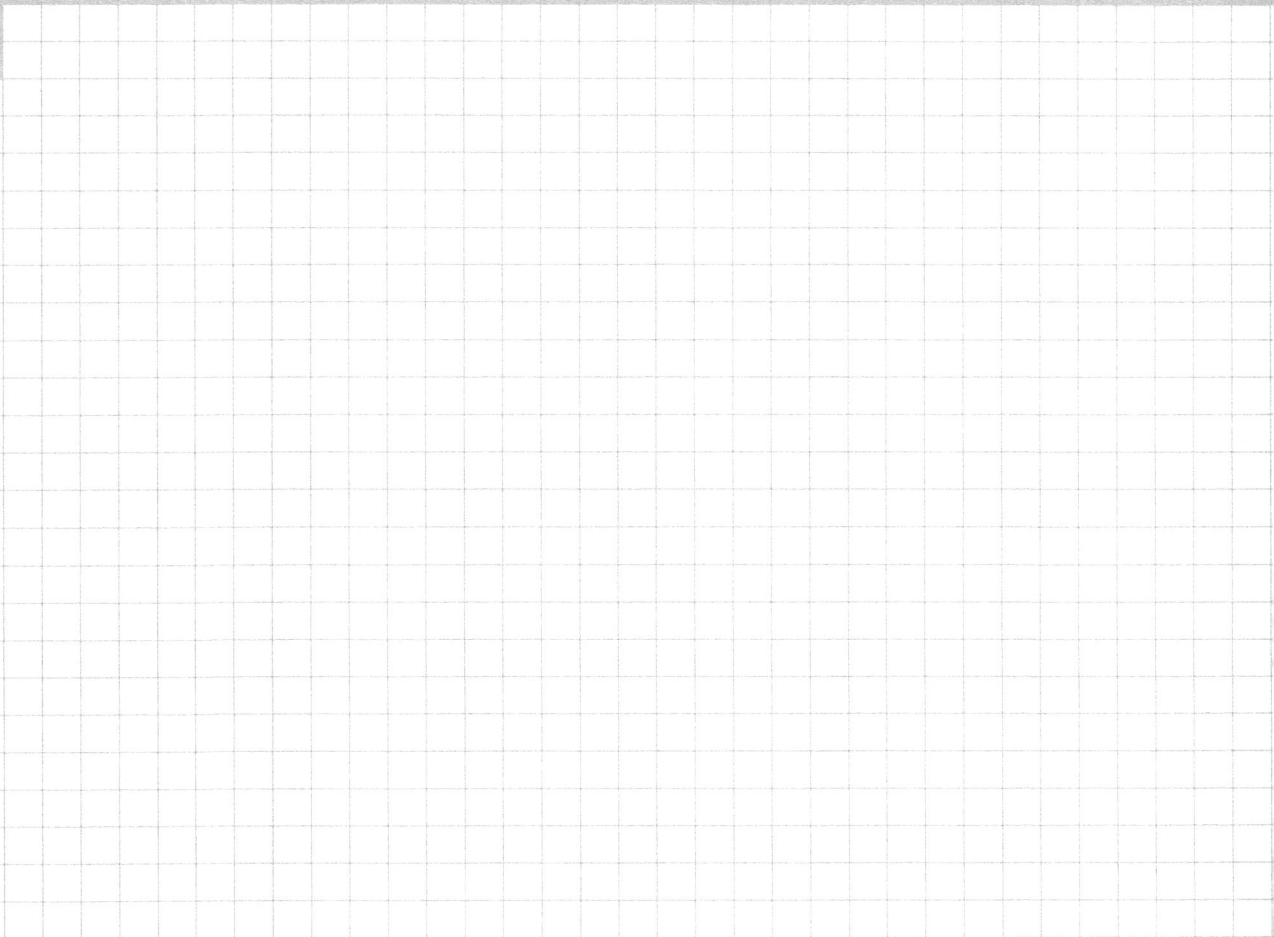

20 _____

20 _____

20 _____

20 _____

20 _____

20 _____

20 _____

20 _____

20 _____

20 _____

20 _____

20 _____

20 _____

20 _____

20 _____

20 _____

20 _____

20 _____

20 _____

20 _____

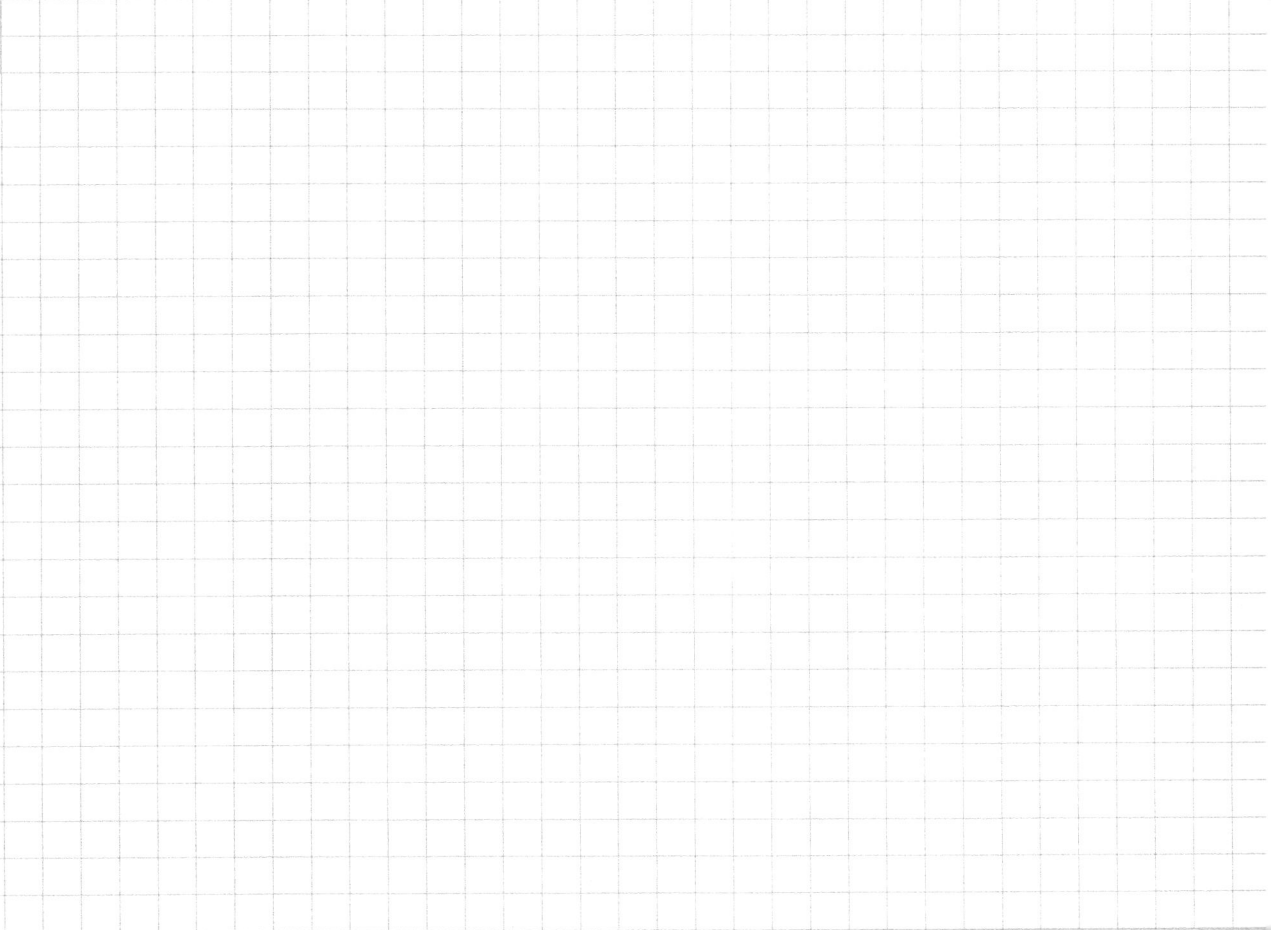

20 _____

20 _____

20 _____

20 _____

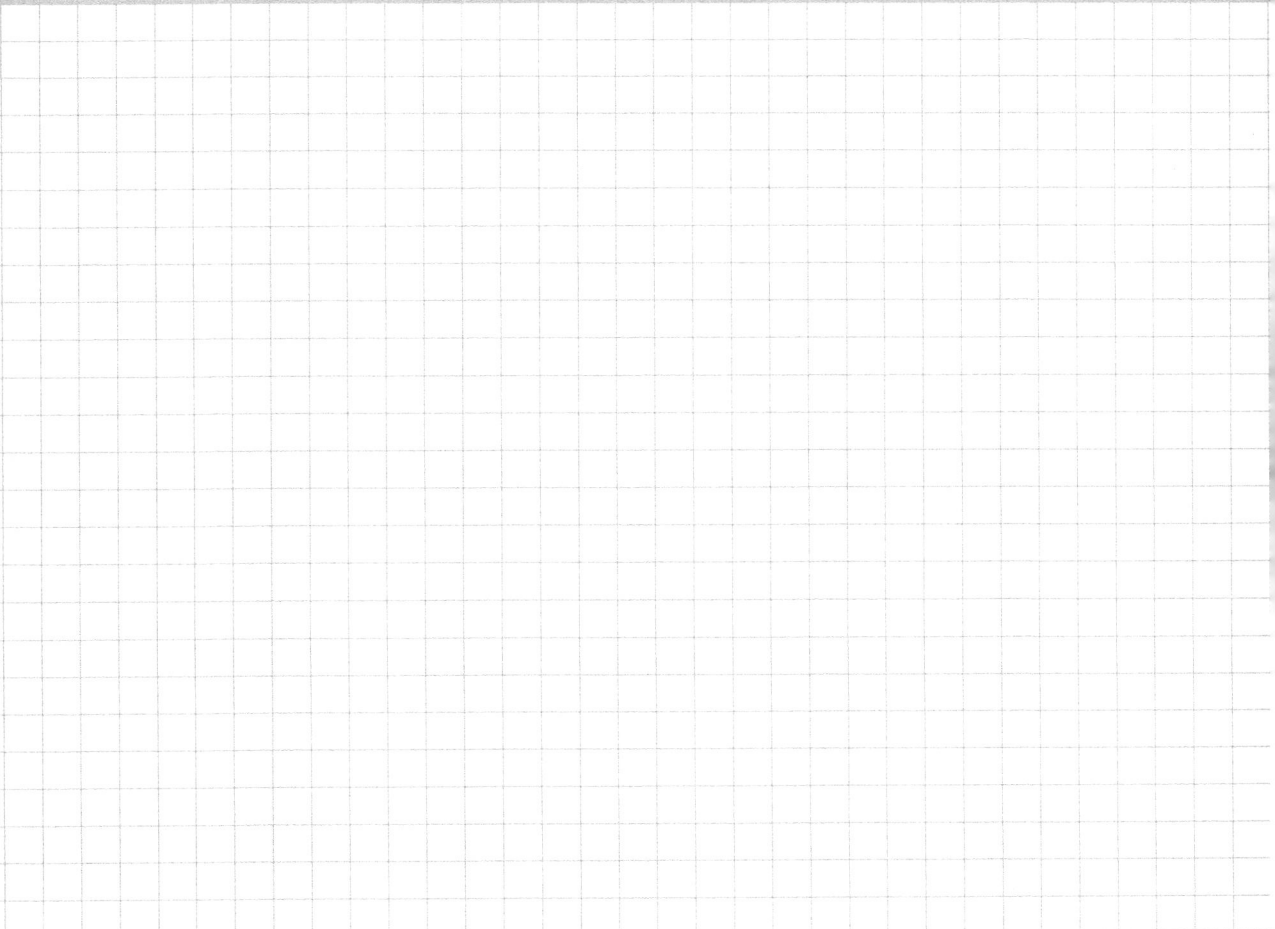

20 _____

20 _____

20 _____

20 _____

20 _____

20 _____

20 _____

20 _____

20 _____

20 _____

20 _____

20 _____

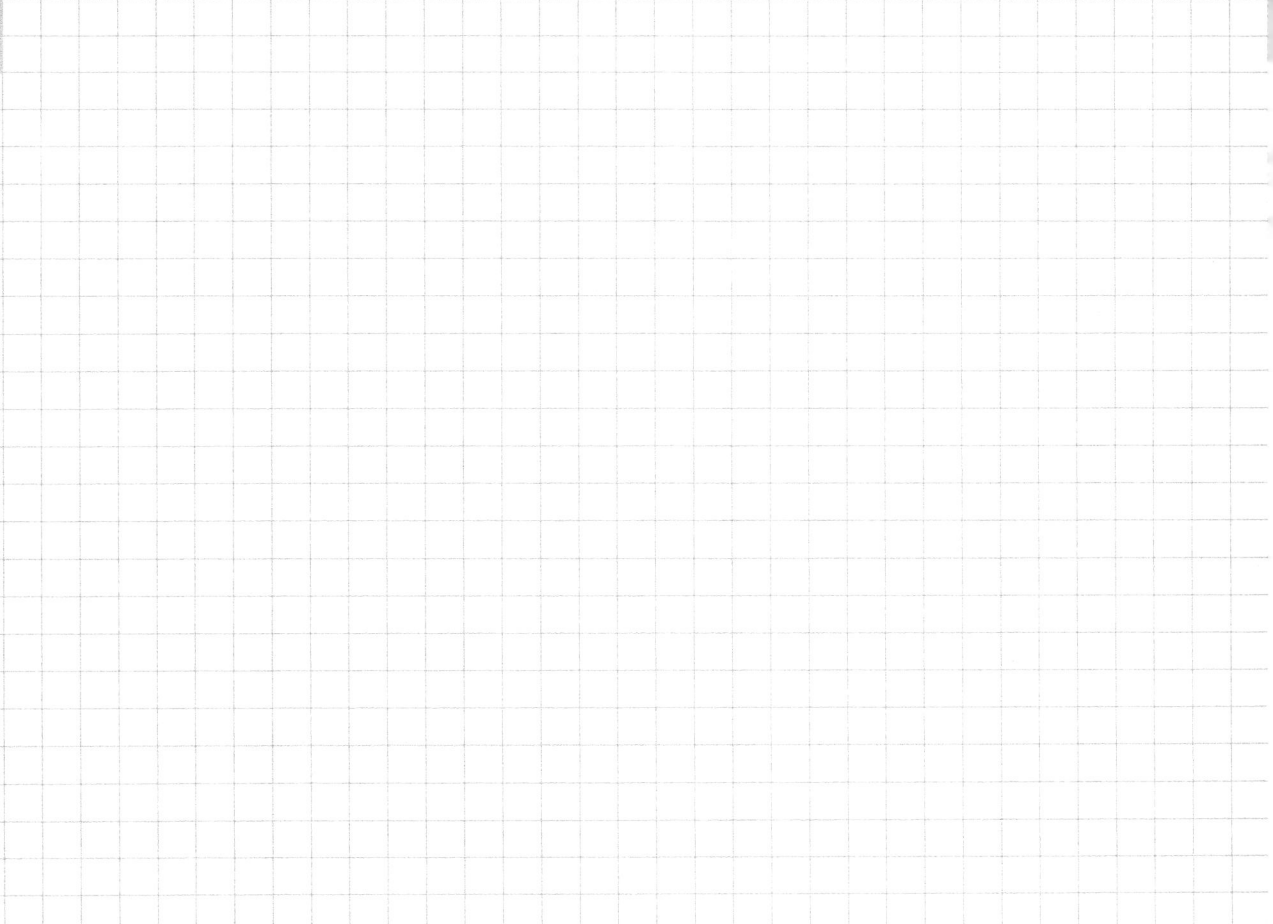

20 _____

20 _____

20 _____

20 _____

20 _____

20 _____

20 _____

20 _____

20 _____

20 _____

20 _____

20 _____

20 _____

20 _____

20 _____

20 _____

20 _____

20 _____

20 _____

20 _____

20 _____

20 _____

20 _____

20 _____

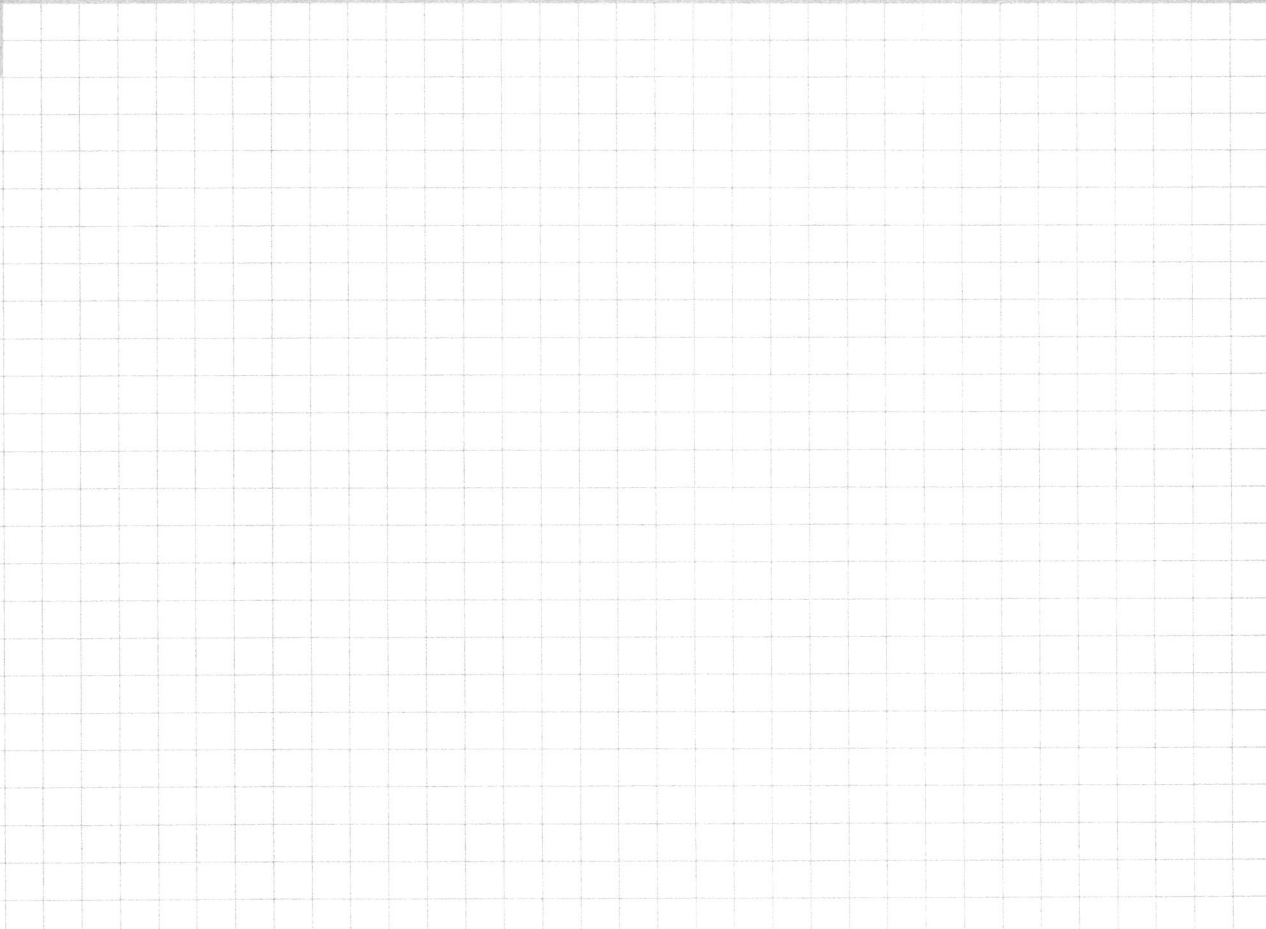

20 _____

20 _____

20 _____

20 _____

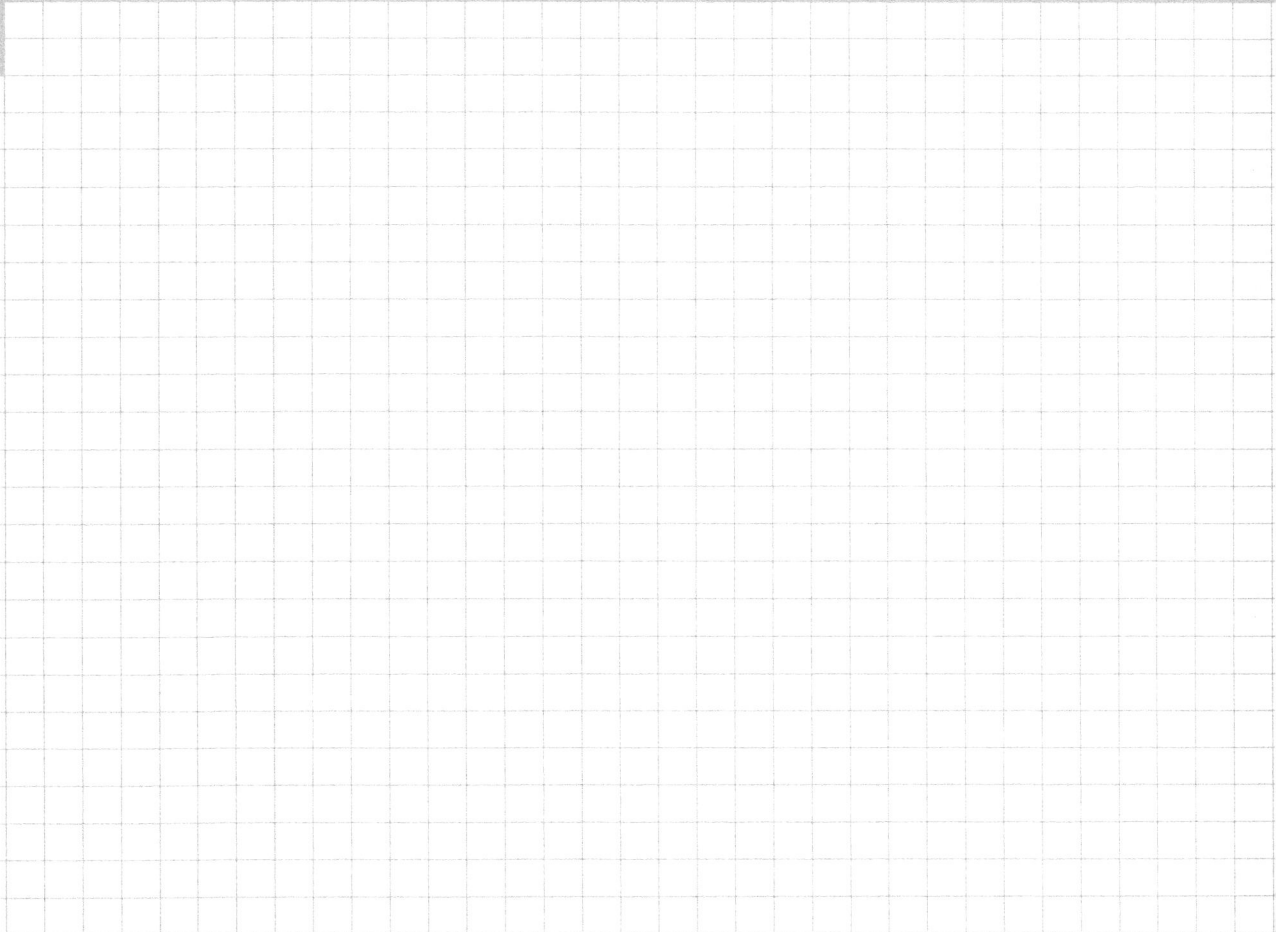

20 _____

20 _____

20 _____

20 _____

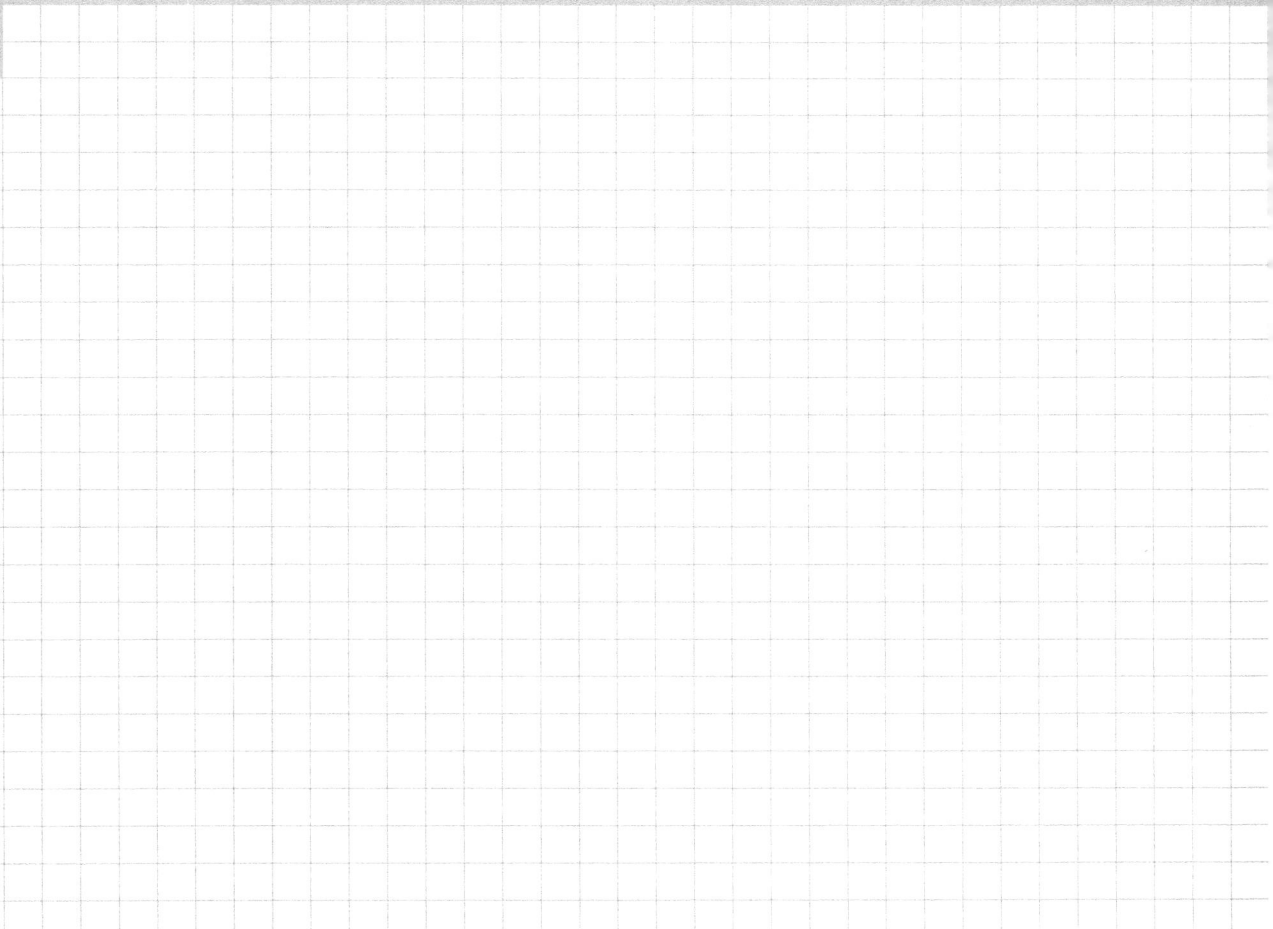

20 _____

20 _____

20 _____

20 _____

20 _____

20 _____

20 _____

20 _____

20 _____

20 _____

20 _____

20 _____

20 _____

20 _____

20 _____

20 _____

20 _____

20 _____

20 _____

20 _____

20 _____

20 _____

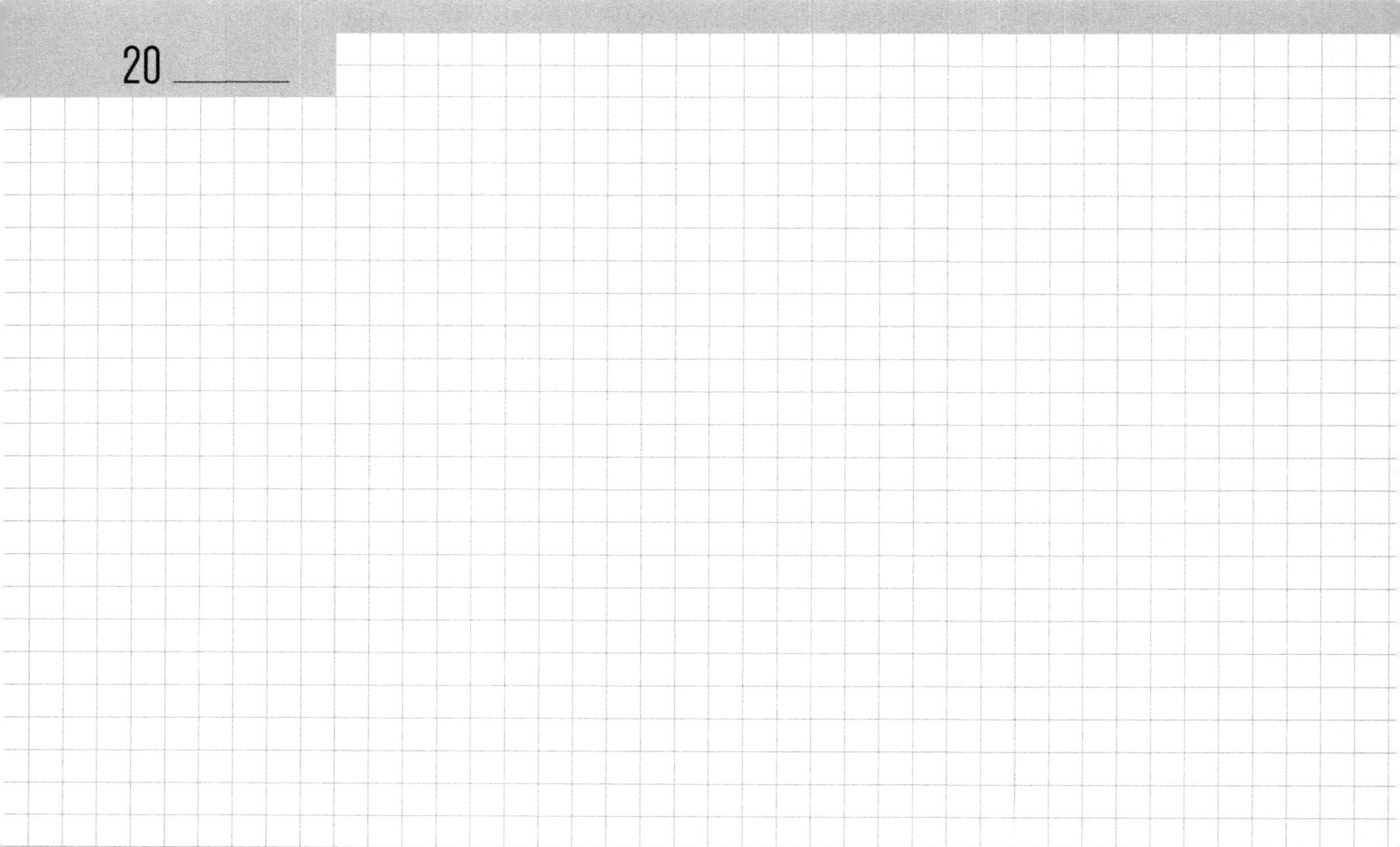

20 _____

20 _____

20 _____

20 _____

20 _____

20 _____

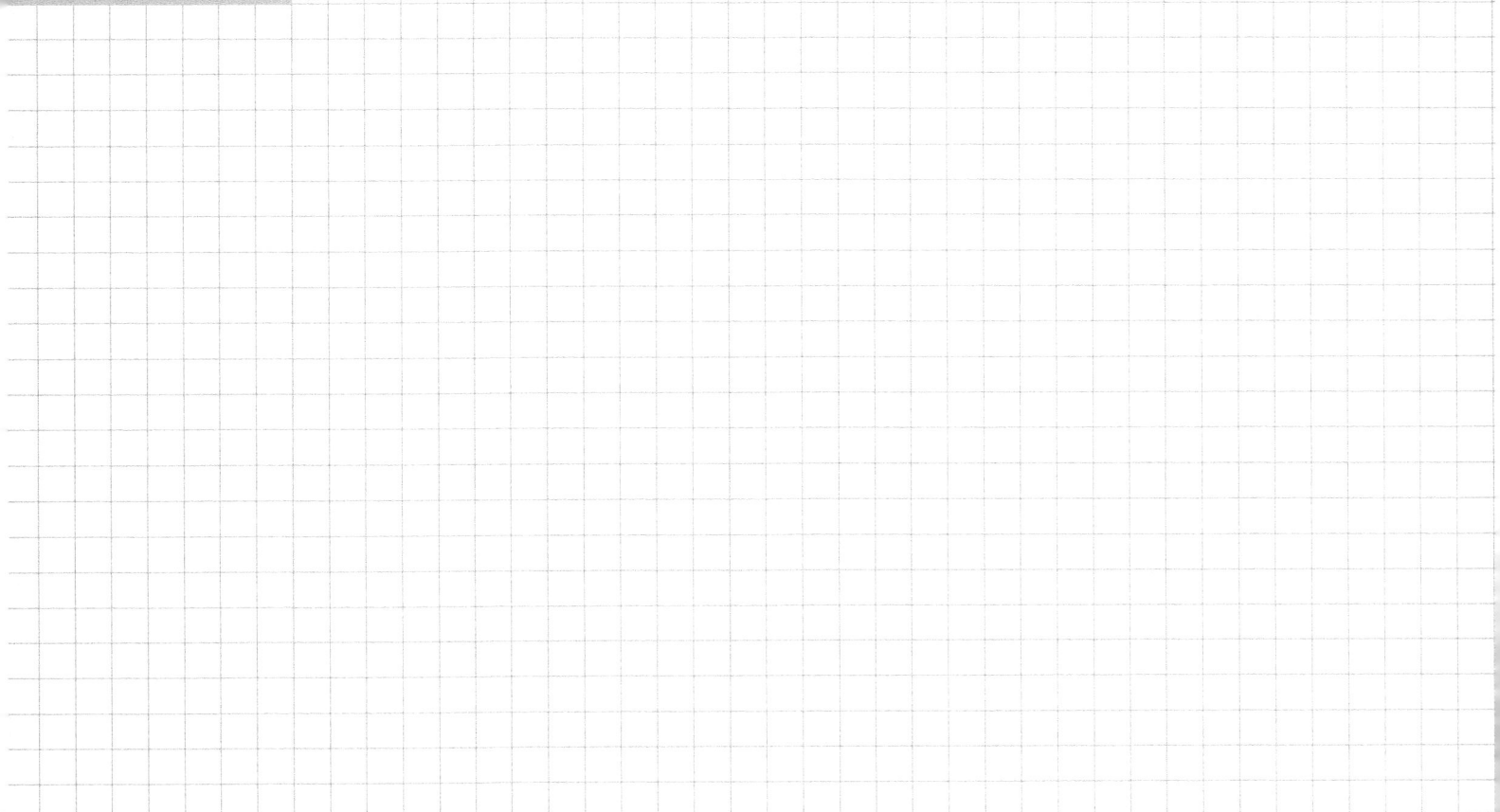

20 _____

20 _____

20 _____

20 _____

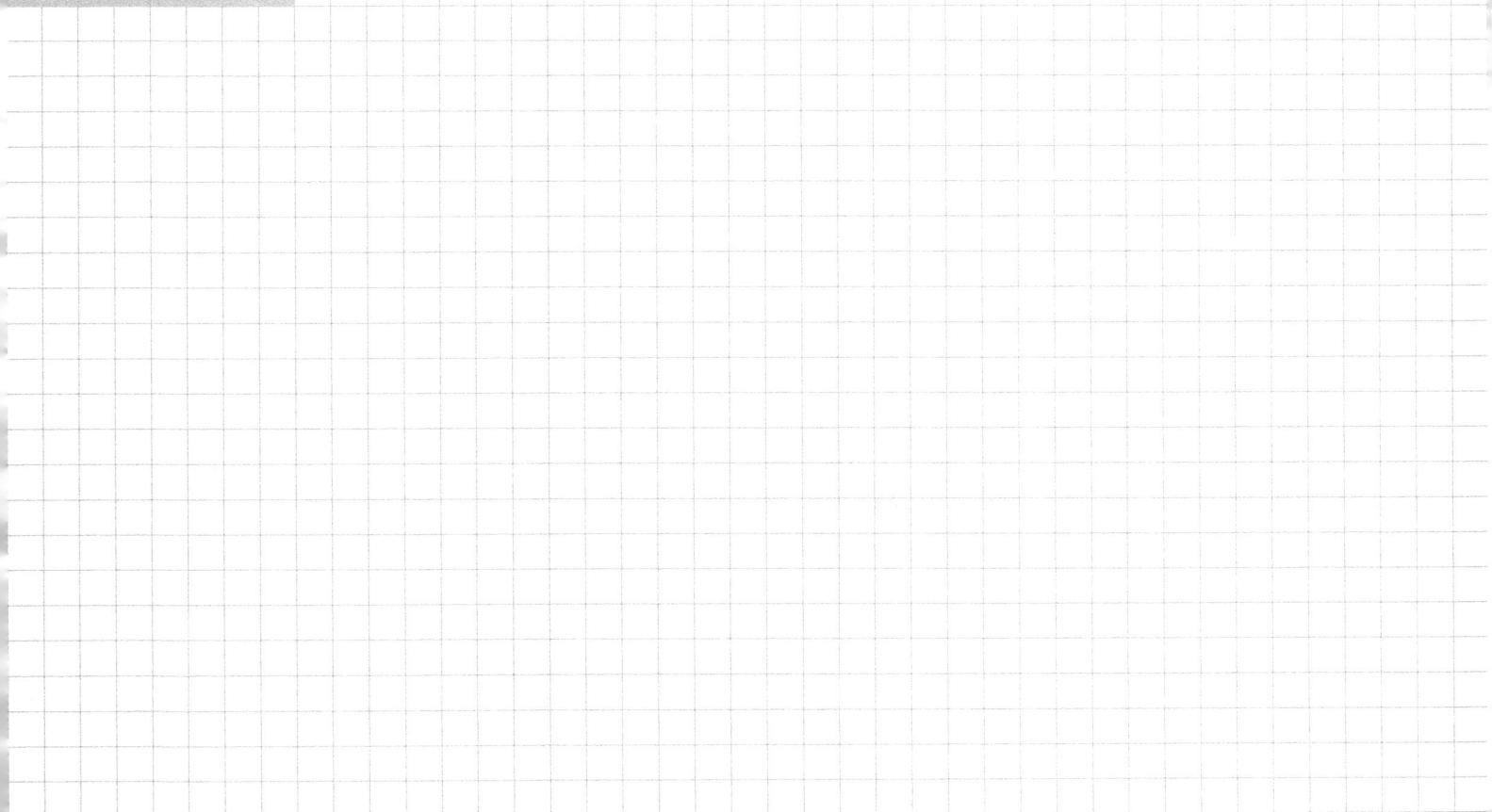

20 _____

20 _____

20 _____

20 _____

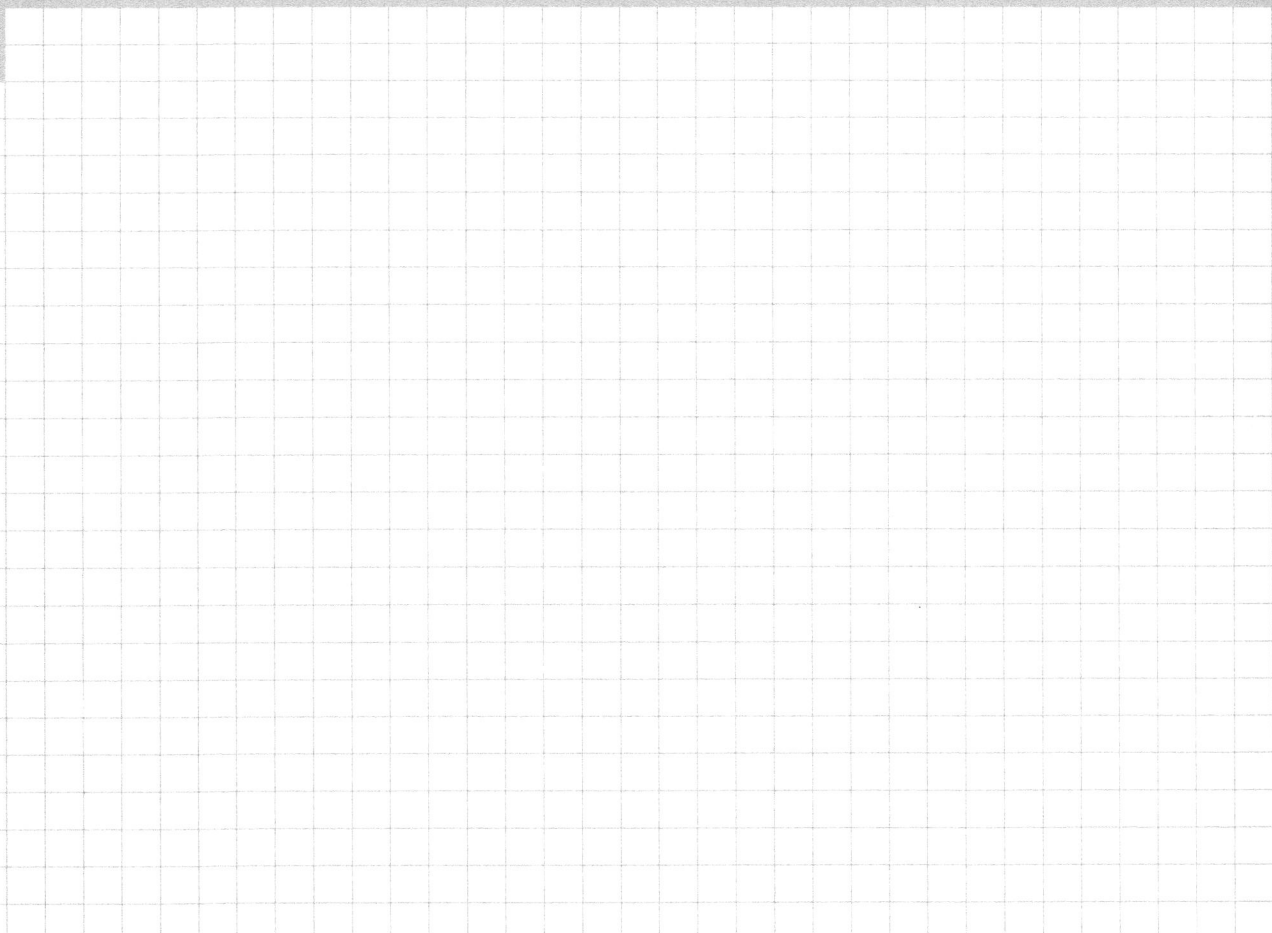

20 _____

20 _____

20 _____

20 _____

20 _____

20 _____

20 _____

20 _____

20 _____

20 _____

20 _____

20 _____

20 _____

20 _____

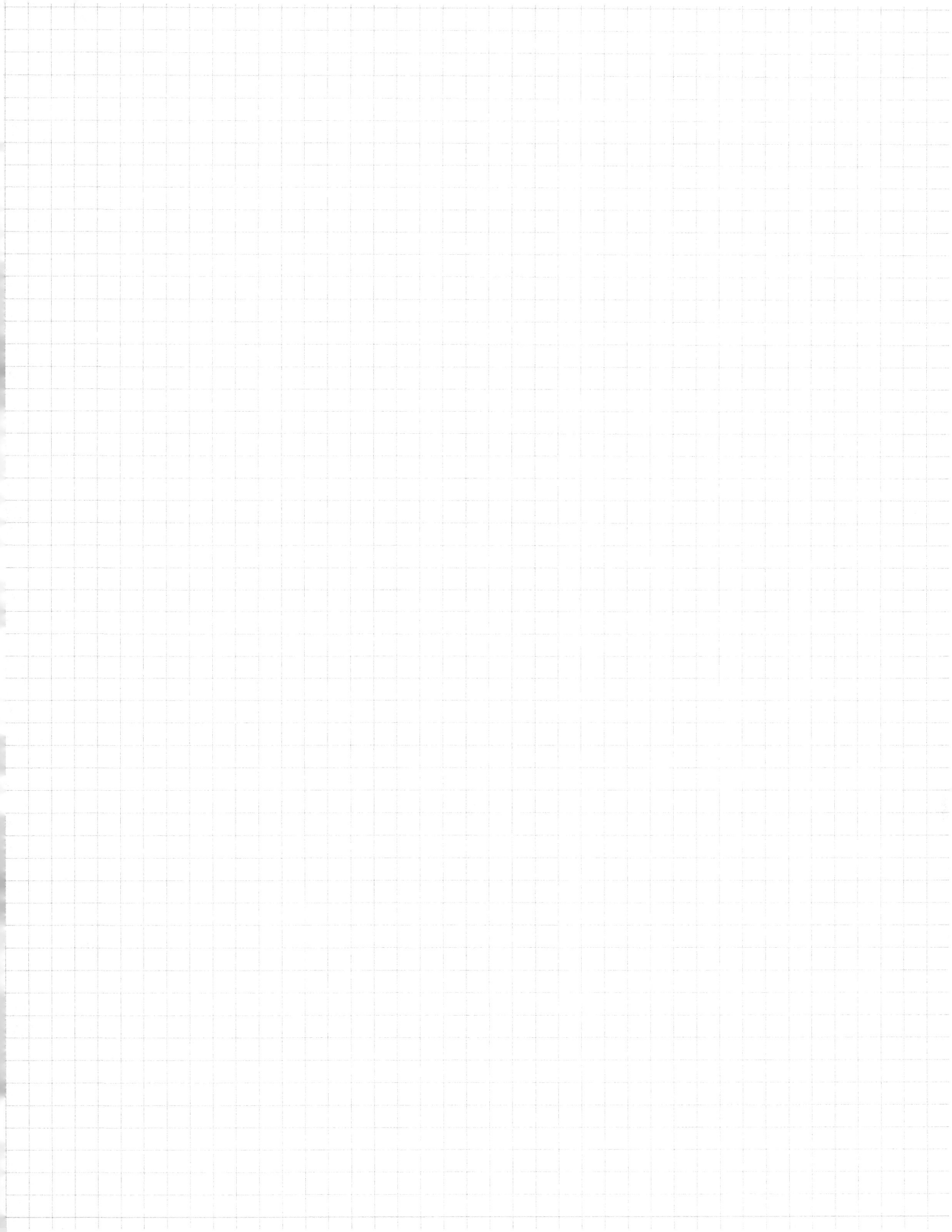

Made in the USA
Las Vegas, NV
11 May 2022

48773452R00105